Schriften des Vereins für Sozialpolitik.

139. Band.

Untersuchungen über Preisbildung.

Abteilung A. Preisbildung für agrarische Erzeugnisse.

Herausgegeben von M. Sering.

Zweiter Teil.

Die Verteuerung der Lebensmittel in Berlin im Laufe der letzten 30 Jahre und ihre Bedeutung für den Berliner Arbeiterhaushalt.

München und Leipzig,
Verlag von Duncker & Humblot.
1912.

Die Verteuerung der Lebensmittel

in Berlin im Laufe der letzten 30 Jahre und ihre Bedeutung für den Berliner Arbeiterhaushalt.

Von

Gustav Brutzer.

München und Leipzig,
Verlag von Duncker & Humblot.
1912.

Alle Rechte vorbehalten.

Altenburg
Pierersche Hofbuchdruckerei
Stephan Geibel & Co.

Inhaltsangabe.

	Seite
Einleitung	1
Die Gliederung des Arbeiterhaushaltes	
Die Bedeutung der Miete	3
Die Bedeutung der Ausgaben für Nahrungs- und Genußmittel	5
Erster Abschnitt. Die Preisbewegung der Lebensmittel und die Absatzorganisation	7
Das Fleisch	7
Allgemeines	7
Preisbewegung	9
Preisbildung	11
Das Brot	21
Preisbewegung	21
Preisbildung	24
Die Kalkulation des Bäckers	28
Die Organisation des Bäckereigewerbes	29
Die Milch	32
Allgemeines	32
Preisbewegung	32
Milchhandel	33
Die übrigen Lebensmittel	36
Kartoffeln — Gemüse und Obst — Butter und Fettwaren — Eier — Kolonialwaren: Zucker, Reis, Kaffee	
Zweiter Abschnitt. Die Bewegung der Lebensmittelpreise im ganzen	44
Dritter Abschnitt. Das Einkommen der Berliner Arbeiterschaft im Verhältnis zur Verteuerung der Lebensmittel	53
Allgemeines	53
Der Zeitabschnitt 1881—1889	55
Der Zeitabschnitt 1890—1903	63
Der Zeitabschnitt 1904—1910	74
Ergebnis	83
Literatur	87

Einleitung.

Die Kulturstaaten stehen seit einer Reihe von Jahren unter dem Zeichen zunehmender Kosten der Lebenshaltung. Die Mieten steigen, und es steigen die Preise der Lebensmittel, zugleich aber wächst in den unteren Schichten der Bevölkerung, die nach erwachtem Klassenbewußtsein im Gefühle der Macht der Masse nach oben drängen, das ungestüme Verlangen, die beschränkte Lebenshaltung zu verbessern.

So sind Preise der Lebensmittel und Löhne vielumstrittene Kampfobjekte geworden. Von ihnen will ich unter Begrenzung auf Berlin und für den Zeitraum 1881 bis 1910 ein Bild zu entwerfen versuchen.

Die Ergebnisse der nachstehenden Arbeit beruhen auf den am Schlusse und im Verlaufe der Arbeit angegebenen amtlichen und privaten Erhebungen, außerdem auf Unterredungen mit Beamten des Schlachthofes und der Zentralmarkthalle, der Viehzentrale und mehrerer Genossenschaften (Konsumvereine, Bäckereigenossenschaften), sowie mit Unternehmern (Schlächtern, Bäckern, Milchhändlern usw.) und Sachverständigen, endlich mit Arbeiterführern und Konsumenten aus der Arbeiterschaft.

Nach einem Überblick über die Gliederung des Arbeiterbudgets, welcher namentlich die Bedeutung der Miete und der Lebensmittelausgaben hervorhebt, behandele ich in einem ersten Abschnitte die Preisbewegung der wichtigeren Lebensmittel und gehe bei einigen näher auf ihre Preisbildung und den Handel mit ihnen ein.

In einem zweiten Abschnitte werden die Lebensmittel nach einer dem Arbeiterhaushalte angepaßten Mengenberechnung zusammengefaßt. Auf Grund der Gesamtkosten, die sich hiernach ergeben, wird eine Kurve gezeichnet und an ihr die Bedeutung der einzelnen Komponenten für die gesamte Preisbewegung der Lebensmittel erläutert; endlich wird der Einfluß der Gesetzgebung auf die Unterhaltskosten kurz erörtert.

Im Schlußabschnitte stelle ich mit Hilfe der eben erwähnten Berechnung die Gesamtausgaben des Haushaltes in Vergleich mit der allgemeinen Entwicklung des Lohneinkommens der Berliner Arbeiterschaft in den letzten 30 Jahren.

Nach der Berliner Statistik „Lohnermittelungen und Haushaltungsrechnungen der minderbemittelten Bevölkerung im Jahre 1903, herausgegeben vom Statistischen Amt der Stadt Berlin, 3. Heft", verteilen sich die Ausgaben des Arbeiterhaushaltes[1], um den es sich hier im wesentlichen handelt, im einzelnen nach Prozenten wie folgt:

Miete, Heizung, Beleuchtung .	20,31 % ⎫
Nahrung	49,70 „ ⎬ 76 %.
Genußmittel	5,99 „ ⎭
Bekleidung	8,10 „
Reinigung	0,64 „
Fahrten	1,98 „
Gesetzlich pflichtm. Ausgaben .	3,65 „
Summe	90,37 %.

Der Rest von 9,63 % fällt auf sonstige Ausgaben: Privatversicherung, Vereinsbeiträge, Vergnügungen, Körperpflege usw. Der Anteil von Wohnungs-, Nahrungs- und Genußmittelausgaben beträgt nach der „Erhebung[2] von Wirtschaftsrechnungen minderbemittelter Familien im Deutschen Reiche, 2. Sonderheft zum Reichsarbeitsblatt, Berlin 1909", bei 19 Groß-Berliner Arbeiterfamilien 72,2 % bei 1909,72 Mk. Gesamtausgaben. Wahrscheinlich ist aber der Anteil für die Mehrzahl der Arbeiterfamilien ein höherer gewesen, denn ich halte sowohl die Gesamtausgabe von 1909,72 Mk., als auch die von der Berliner Statistik 1903 errechnete Durchschnittseinnahme von 1751 Mk. für größer als dem allgemeinen Durchschnitt für die Berliner Arbeiter entspricht.

Jene beiden Posten nehmen also im Arbeiterhaushalte einen so breiten Platz ein, daß für alle übrigen Ausgaben nur 20—30 % übrig bleiben, und zu diesen übrigen Ausgaben gehören doch noch sehr wichtige. Ich schätze, daß die Mehrzahl der Berliner Arbeiterfamilien höchstens

---

[1] Die Arbeit des Statistischen Amtes umfaßt 908 Haushaltungsrechnungen, die mit Ausnahme einiger Haushaltungsrechnungen von Schreibern und von im Handel Angestellten nur solche von Arbeitern sind. Die Haushaltungsrechnungen sind zum größeren Teil nach Schätzungen der Arbeiter aufgestellt, die aber sorgfältig geprüft sind.

[2] Die Erhebung gründet sich auf die Buchführung der untersuchten Haushalte.

400—500 Mk. hierfür zur Verfügung gehabt hat. Davon muß die Familie, wenn ihre Existenz nicht als eine proletarische bezeichnet werden soll, noch einen Notgroschen für schlechte Arbeitszeit und für die Zukunft zurücklegen, denn die Arbeiterversicherung allein kann sie nicht völlig sicher stellen.

Die Bedeutung der Miete.

Die Wohnungsmiete ist ein so wichtiger Bestandteil des Arbeiterbudgets, daß ich sie im Verlaufe der Arbeit öfters werde heranziehen müssen, und deshalb für gut halte, über sie und die Wohnverhältnisse der unteren Bevölkerungsschicht eine allgemein orientierende Übersicht zu geben.

Nach der Berliner Erhebung 1903 beträgt der Anteil der Miete an den Gesamtausgaben im Durchschnitt der 908 Haushaltungsrechnungen 16,35 % (oder 290 Mk.), er steigt in der Stufe 1300—1500 Mk. Ausgaben bei 4—5 Familienmitgliedern auf 16,7—20,33 % (245—274 Mk.). Die Erhebungen des Reichsarbeitsblattes, die sich auf das Jahr 1907 beziehen, lassen die Ausgaben für die Miete nicht klar erkennen, denn sie fassen unter „Wohnung und Haushalt" neben der Miete noch die Ausgaben für Ziergarten und Zimmerpflanzen, für Einrichtung, Instandhaltung und Reinigung der Wohnung. Diese bilden etwa ein Fünftel des ganzen Postens, zieht man sie ab, so stellt sich im Durchschnitt von 19 Arbeiterfamilien Groß-Berlins die Miete auf rund 300 Mk. oder 16 %, fast ebenso wie oben. Die Statistik „320 Haushaltungen von Metallarbeitern, herausgegeben von der Gewerkschaft der Metallarbeiter", ergibt für das Jahr 1908 als durchschnittlichen Mietpreis für zehn Arbeiterfamilien Berlins 316 Mk., dabei schwanken allerdings die Mieten zwischen 234 und 432 Mk., denn fünf Familien haben dreiräumige, also komfortable Arbeiterwohnungen. Da es seit 1894 eine umfassende, amtliche Statistik für Berlin nicht gibt, so ist man für die letzte Zeit auf Stichproben und Schätzungen und auf die Ergebnisse der Volkszählung von 1905 angewiesen. Ich glaube auf dieser Grundlage in der Annahme nicht sehr fehlzugreifen, daß es heute gute Einzimmerwohnungen mit Korridor und Küche in Berlin kaum noch unter 350 Mk. geben wird.

Für die Zeit 1880—1900 benutze ich die Angaben der Statistischen Jahrbücher der Stadt Berlin, die sich bis 1894 auf die Mietsteuerkataster, dann auf die Volkszählungsberichte stützen.

Danach gab es Wohnungen:

	Mietstufe bis 150 Mk.	Durchschn. Miete	150—300 Mk.	Durchschn. Miete	300—450 Mk.	Durchschn. Miete
1880	44 103	114 Mk.	101 854	216 Mk.	38 794	371,6 Mk.
1890	28 312	116,8 „	162 984	226,8 „	81 813	381,5 „

In die erste Klasse gehören die einräumigen Wohnungen, 1880 wahrscheinlich auch noch eine Anzahl zweiräumiger, in die zweite Klasse die meisten zweiräumigen, 1890 aber auch noch rund 3000 einräumige. Diese wenigen Zahlen, die allerdings unsicher sind, lassen vermuten, daß die Mieten stärker gestiegen sind, als die Spalten „Durchschnittliche Miete" angeben, die mit der sehr rohen Division Mietwert durch Wohnungszahl berechnet sind.

Für 1900 wird nach den gleichen Quellen als durchschnittliche Miete angegeben für Wohnungen, die enthalten:

nur Küche . . . . 129 Mk.
nur nicht heizbare Zimmer . . . 214 „
ein heizbares Zimmer . . . . . 232 „
zwei heizbare Zimmer . . . . . 379 „

In den Klassen „ein und zwei heizbare Zimmer" befinden sich die typischen Arbeiterwohnungen, die ein heizbares Zimmer und Küche umfassen, die meist vorkommende Miete wird also 1900 zwischen 232—379 Mk. zu setzen sein.

Zusammengefaßt gibt die Betrachtung folgendes Bild: die typische Arbeiterwohnung kostete

1880 . . . . 216 Mk.
1890 . . . . 227 „
1900—1903 . . . . 232—290 „
1910 . . . . 300—400 „

Die Aufrollung der Wohnungsfrage enthüllt manch düsteres Bild aus dem Leben der Arbeiter. Das kann man nicht leugnen, wenn man beobachtet, daß die Zahl der einräumigen Wohnungen immer noch wächst, und daß in solchen Wohnungen, wenn auch nur vereinzelt, Familien von mehr als zehn Personen hausen. Im Schlafstellenwesen sind zwar die widerwärtigsten Verhältnisse abgestellt, und es scheint auch zurückgegangen zu sein, aber ein großer Teil der verheirateten Arbeiterschaft erfreut sich noch keineswegs des Zustandes, daß in seinem kleinen Heim nur seine Familie wohnt. Viele nehmen sicherlich nur deshalb fremde Leute auf, weil es nicht anders geht, weil die Miete drückend auf ihnen liegt. Wie sehr diese das Arbeiterbudget belastet, zeigten die in der Städtebauausstellung 1910 ausgestellten Kurven für die Stadt Schöneberg, deren Wohnverhältnisse von denen Berlins nicht sehr verschieden sein werden.

Nach ihnen zahlten 1906 von den Personen mit Einkommen von 1200—1500 Mk.:

> drei Viertel mehr als 23—25 %
> die Hälfte   „   „ 30—32 %
> ein Viertel   „   „ 45—48 %

des Einkommens für Miete, also Anteile, die stark über die zu Beginn angegebenen Zahlen hinausgehen.

Die Bedeutung der Ausgaben für Nahrungs= und Genußmittel.

Die Ausgaben für Nahrungs= und Genußmittel betragen nach der Berliner Statistik von 1903 55,6 % der Gesamtausgaben und steigen bei niederen Einnahmen und vier Familienmitgliedern auf 57,46—60 %. Nach den Erhebungen im Reichsarbeitsblatt wurden 1907 von 19 Familien mit 1304—2869 Mk. Gesamtausgaben für denselben Zweck 51,2 % ausgegeben. Der Durchschnitt beziffert sich nach der Aufstellung der Metallarbeitergewerkschaft für fünf Arbeiterfamilien auf 53,2 % bei 1800,57 Mk. Gesamtausgaben im Jahre 1908.

So wurden in der Zeit von 1903—1908 51—60 %, oder nach Abrechnung einiger Prozente für Alkohol und Rauchen mindestens 50 % für die notwendigen Nahrungsmittel von den statistisch erfaßten Berliner Arbeiterfamilien angewandt. Dies ist aber eine Minimalziffer. Denn das tatsächliche durchschnittliche Einkommen der Berliner Arbeiter bleibt hinter den oben erwähnten zurück, wie weiter unten noch begründet wird, ohne daß die Ausgaben für Nahrungsmittel entsprechend zurückgehen können.
(Siehe Tabelle I, Seite 6.)

Die Bedeutung der wichtigeren Lebensmittel für den Haushalt ist aus der Tabelle ersichtlich. Die Familien sind in ihr vier bis fünf Mitglieder stark anzunehmen. Sie zeigt recht drastisch, wie eng die Jacke des Haushaltes ist, und wie die einzelnen Posten im ganzen gleichmäßig sind, trotz des Unterschiedes von 691—883 Mk. Ausgaben für die wichtigeren Nahrungsmittel. Interessant ist zu beobachten, wie bei wachsender Einnahme zunächst am Essen zugelegt wird, eine Beobachtung, die sich bei Durchsicht der Einzelbudgets auch sonst bestätigt.

Tabelle 1.

Die Bedeutung einzelner Lebensmittel für den Haushalt.

Lebensmittel	1907 Gesamtdurchschn. für d. Reich n. d. Erheb. b. Reichsarbeitsbl.		1908 5 Großberl. Metallarb.-Fam. n. 320 Haushalt. v. Metallarbeitern		1907 11 Großberl. Arbeit.-Fam. n. Erh. b. Reichsarbeits-Bl.		1903 Gesamtdurchschn. v. 908 Haushalt. nach der Berl. Statistik		1903 75 Fam. mit 4—5 Mitgl. u. 1300 bis 1500 Mk. Eink. n. b. Berl. Statistik	
	in Mark	% der Ausg. für Nahrg.	in Mark	% der Ausg. für Nahrg.	in Mark	% der Ausg. für Nahrg.	in Mark	% der Ausg. für Nahrg.	in Mark	% der Ausg. für Nahrg.
Fleisch usw...	265,37	26,1	314,48	32,7	266,76	29,6	270,74	27,5	222,66	27,8
Brot.....	165,17	16,2	136,97	14,3	143,63	15,9	136,31	13,8	120,41	15,0
Milch....	102,80	10,1	64,76	6,5	105,77	11,7	71,39	7,3	72,46	9,0
Butter, Schmalz usw....	128,30	12,6	128,75	13,4	128,93	14,3	121,46	12,3	102,47	12,8
Kartoffeln..	33,21	3,3	31,35	3,2	29,52	3,2	30,01	3,1	30,46	3,8
Eier.....	31,32	3,1	24,81	2,6	25,38	2,8	36,54	3,7	33,73	4,2
Kol.-Waren, Gemüse usw.	92,10	9,0	63,78	6,5	61,82	6,8	75,06	7,6	68,44	8,5
Kaffee usw...	35,32	3,5	34,59	3,6	33,08	3,6	36,71	3,7	29,10	3,6
Obst.....	29,44	2,9	24,73	2,6	25,11	2,8	13,26	1,4	12,02	1,5
Summe...	883,03	86,8	824,22	85,4	820,00	90,7	791,48	80,4	691,75	86,2
Nahrungsausg. überhaupt	1017,52	100	959,73	100	900,82	100	984,45	100	802,06	100
Gesamtausgab.	2234,02		1800,57		1840,04		1766,10		1401,59	

Erster Abschnitt.
Die Preisbewegung der Lebensmittel und die Absatzorganisation.

Das Fleisch.
Allgemeines.

Das wichtigste Nahrungsmittel für den Berliner Arbeiter sowohl dem Werte, wie dem Gehalte nach ist das Fleisch. „Wenn Vater kein Fleisch zum Mittag hat, so ist das kein richtiges Essen für ihn," sagte das Kind eines Arbeiters auf Befragen im Haushaltungsunterricht. Gewiß ist es auch die angemessenste Nahrung bei einer Arbeitsweise, die nicht mit großer Bewegungstätigkeit verbunden ist, wie es für die Mehrzahl in der Stadt beschäftigter Arbeiter zutrifft.

Von den Fleischarten ist das Schweinefleisch das wichtigste und beliebteste. Der Konsum gerade dieses Fleisches ist im Laufe der letzten 30 Jahre erheblich gestiegen, wie ein Blick auf die Schlachtungen am Berliner Zentral-Schlacht- und Viehhofe zeigt:

```
1890  132 419 Rinder, 452 139 Schweine
1900  182 361    „     830 537    „
1908  153 783    „   1 140 279    „
```

Während 1908 mehr als 7 mal soviel Schweine geschlachtet wurden, waren es früher nur 3—5 mal soviel.

In zweiter Linie kommt das Rind für die Fleischnahrung in Betracht, dann Kalb und Hammel. Letztere beiden kann man kaum noch als Volksnahrungsmittel bezeichnen, es kommt viel weniger und dabei teueres Fleisch der Art auf den Markt. Die Schlachthofdirektion berechnete den Anteil des Kalb- und Hammelfleisches an allem in den Berliner Konsum gebrachten Fleische 1896 auf 14,3 %, und wesentlich wird sich dieses Verhältnis nicht verschoben haben.

Tabelle der Kleinhandelspreise.

Jahr	Berlin Stat. Jahrb. 1 kg in Pf.	Schwein Kgl. Polizei-Preise Kochfleisch höchste	Schwein Kgl. Polizei-Preise Kochfleisch niedrig.	Schwein Kgl. Polizei-Preise Bratfleisch niedrig.	Schwein Kgl. Polizei-Preise Bratfleisch höchste	Schwein Stat. Amt Berlin Wilden u. Stippbeer	Schwein Stat. Amt Berlin Schinken	Schwein Stat. Amt Berlin Schinken u. Bauch	Schwein Stat. Amt Berlin ger. Sped	Schwein Pol.-Preise Durchschn. Speck, Bratt.	Rind Stat. Jahrb. Mittel aus Keulen, Bauch	Rind Polizei Rücken Keule	Rind Polizei Rücken Bauch	Rind Polizei Braten Keule	Rind Polizei Braten Bauch	Rind Stat. Amt Filet	Rind Stat. Amt Keule Schwanzst.	Rind Stat. Amt Brust	Rind Stat. Amt Schulter Bauch	Hammel Kochfleisch	Hammel Bratfleisch	Hammel Keule Rücken	Hammel Brust Bauch	Hammel Pol. Kochfl., Bratfl.	Kalb Keule Rücken	Kalb Schulter Bauch
1880	—	127	—	—	—	—	—	—	—	—	—	130	105	135	115	—	—	—	—	110	123	—	—	112	—	—
81	—	125	—	130	140	—	—	—	—	155	119	125	105	130	117	—	142	126	118	112	130	142	122	112	150	122
82	121	130	120	135	145	—	—	—	—	165	118	128	115	145	130	—	142	126	114	120	140	136	114	120	146	126
83	120	130	110	140	150	—	—	—	—	160	118	130	115	150	145	196	136	122	108	127	145	132	108	120	144	116
84	116	125	100	125	150	—	—	—	—	160	117	130	115	149	135	188	138	122	110	122	131	134	112	123	146	120
85	125	117	100	110	145	—	—	—	—	150	112	123	107	132	120	184	140	126	108	107	128	134	114	125	146	114
86	120	120	105	110	160	—	—	—	—	150	116	130	94	135	122	192	138	122	110	106	127	138	116	120	148	116
87	120	120	105	110	155	—	—	—	—	150	111	120	100	134	118	198	140	126	108	120	130	139	114	119	152	122
88	130	118	100	118	175	—	—	—	—	143	111	121	106	134	117	198	138	122	110	—	—	—	—	126	150	122
89	130	132	105	—	—	—	—	—	—	153	114	125	—	137	—	200	142	124	112	—	—	—	—	—	152	122
1890	144	145	110	140	180	—	—	—	—	163	126	140	112	155	127	196	142	126	112	132	142	142	120	137	152	122
91	136	137	110	120	175	—	—	—	—	155	129	141	120	156	130	206	144	128	114	125	130	144	122	135	156	126
92	137	135	110	130	165	—	—	122	156	145	128	140	122	155	127	216	152	134	124	120	135	150	114	130	162	134
93	132	130	100	140	180	—	—	122	152	148	125	130	110	157	125	188	136	122	108	114	138	128	108	126	162	136
94	129	120	99	140	180	—	130	124	154	148	122	130	110	158	125	192	138	122	110	114	140	132	112	125	174	136
95	125	119	97	140	163	—	132	122	152	140	123	130	108	160	125	198	140	126	108	121	146	134	114	126	146	120
96	120	118	96	140	160	150	128	118	146	139	122	132	110	160	123	198	138	122	110	122	150	134	114	131	148	114
97	130	123	102	148	160	148	124	112	140	141	124	129	108	162	129	200	140	122	110	127	146	138	116	131	152	116
98	140	143	120	150	180	162	130	120	150	150	125	139	109	164	129	202	142	124	110	130	150	140	119	135	150	122
99	136	136	113	130	181	156	134	124	146	149	125	140	109	157	129	200	142	128	112	134	137	139	120	—	152	122
1900	134	133	106	120	172	152	130	120	144	145	126	140	110	154	121	202	142	126	112	134	140	140	120	135	152	122
01	142	140	120	129	182	160	136	126	150	151	129	146	118	155	128	206	144	128	114	132	154	144	122	141	156	126
02	150	151	130	130	180	170	146	138	166	161	134	147	122	165	132	216	152	134	120	140	155	150	128	145	162	134
03	142	141	110	125	177	166	142	134	154	161	137	150	125	167	135	226	154	136	124	146	158	154	134	146	162	136
04	132	131	102	120	165	158	136	128	152	147	138	151	127	170	135	226	154	136	122	147	160	152	136	150	174	136
05	155	162	136	142	200	178	154	144	146	164	144	162	136	170	139	224	164	146	130	155	166	162	142	162	174	146
06	169	167	137	147	207	200	166	158	164	188	154	170	140	181	145	—	176	154	140	162	176	174	156	177	190	158
07	149	149	117	131	199	182	152	158	186	174	155	170	140	185	150	—	178	156	140	170	178	176	154	172	188	154
08	151	—	—	—	—	182	154	140	174	—	153	—	—	—	—	—	178	156	140	178	—	174	152	—	186	158
09	—	—	—	—	—	192	166	154	166	—	—	—	—	—	—	—	184	160	146	—	—	174	150	—	188	158
1910	—	—	—	—	—	194	168	158	168	—	—	—	—	—	—	—	—	—	—	—	—	178	154	—	198	164

Preisbewegung.

Die Preiszahlenreihen der Tabelle sind den Statistischen Jahrbüchern der Stadt Berlin entnommen, oder nach ihnen zusammengestellt. Sie geben die Jahresdurchschnitte der Marktpreise im Kleinhandel wieder.

Das Schweinefleisch war am teuersten 1906, am billigsten 1888, der Preisunterschied dieser beiden Jahre pro kg beträgt 40—50 Pf. Von Jahr zu Jahr hat freilich die Schwankung im allgemeinen nicht mehr als 10 Pf. pro kg ausgemacht, nur in wenigen Jahren 1890, 1905, 1906, stand der Preis 15—20 Pf. höher gegen das Vorjahr. Doch fällt solche Mehrbelastung beim kleinen Budget schon ins Gewicht, zumal dann auch der Speck, dessen Preisbewegung der des Schweinefleisches gleicht, teurer wird und ebenso die Wurst, die ein wichtiges Nahrungsmittel des Arbeiters ist. Besonders fühlbar muß sich die Verteuerung gemacht haben, wenn sie, wie 1905/06 zwei Jahre anhielt. Das letzte Jahrzehnt ist überhaupt durchweg das teuerste gewesen, wie ein Vergleich der einzelnen Jahrespreise mit den früheren Jahrzehnten zeigt. Im Jahrzehntdurchschnitt (alle Zahlenreihen Schweinefleisch zusammengezogen) zeigt sich diese Bewegung deutlich, das Kilogramm kostete:

   1881—1889 . . . 1,33 Mk. . . . 100
   1890—1899 . . . 1,38 „ . . . 104
   1900—1909 . . . 1,49 „ . . . 111,4.

Es ist dieses allerdings nur ein sehr roher Durchschnitt, für die einzelne Fleischsorte ist die Bewegung bald stärker, bald schwächer, aber gerade bei den billigeren Arten nicht die geringere: es kostete z. B. das Kilogramm Schulter und Bauch nach dem Statistischen Amt der Stadt 1890—1899 121,6 Pf., 1900—1909 135,8 Pf., also 14,2 Pf. mehr, während die Steigerung des Gesamtdurchschnittes nur 11 Pf. betrug. Nach den Teuerungsjahren 1905 und 1906 gab der Preis 1907 ziemlich kräftig nach, stieg dann jedoch ständig und stand 1910 mit 79 Pf. pro Pfund Schulter und Bauch wieder so hoch wie 1906.

Beim Rindfleisch ist die Bewegung des Jahrzehntpreises ungefähr dieselbe mit noch stärkerer Verteuerung im letzten Jahrzehnt:

   1881—1889 . . . 1,14 Mk. . . . 100
   1890—1899 . . . 1,23 „ . . . 107
   1900—1909 . . . 1,40 „ . . . 121,5.

Das Minimum liegt im Jahre 1887, das Maximum 1910, die Differenz schwankt zwischen 40—50 Pf. pro Kilogramm. Aber die Bewegung des Preises von Jahr zu Jahr ist eine ruhigere, als beim Schweinefleisch. Der Unterschied des Jahrespreises pro Kilogramm geht über 12 Pf. nicht hinaus (1905 zu 1906), bleibt meist sogar erheblich darunter. Anderseits setzt aber seit 1896 eine fast ununterbrochene, für alle Arten ungefähr gleichmäßige Verteuerung ein, die bis 1910 fortgeht. Doch ist eine solche Preisbewegung für den Arbeiterhaushalt erträglicher, als eine sprunghafte. Eine langsam, aber ständig steigende Preisrichtung ist eine Kandare, die von der Gewöhnung an einen Fleischgenuß, der die Mittel übersteigt, zurückhält.

Kalb- und Hammelfleisch gehörten früher zu den billigeren Fleischarten und sind jetzt die beiden teueren geworden, wie die Jahrzehntdurchschnitte zeigen. Es kostete das Kilogramm:

	Kalbfleisch:			Hammelfleisch:	
1880—1889	1,25 Mk.	100	1,19 Mk.		100
1890—1899	1,39 „	111	1,28 „		107
1900—1909	1,59 „	127	1,50 „		127

Das Kalbfleisch hatte seine billigste Periode Anfang und Ende der 80 er Jahre. Es ist seit der Mitte der 90 er ständig im Preise gestiegen, mit starker Anschwellung von 12—15 Pf. pro Kilogramm 1904 zu 1905 und 1905 zu 1906. Die Höchstschwankung während der ganzen Periode ist 50—60 Pf. Ähnlich, nur etwas abgeschwächter ist die Bewegung des Hammelfleischpreises.

Im ganzen ist die Preisbewegung der vier wichtigsten Fleischarten kurz so gewesen: Teuerungsperioden 1889 bis 1891, 1905 bis 1907 und mindestens im letzten Jahrzehnt eine aufwärts gerichtete Tendenz, beim Schweinefleisch allerdings nicht so ausgesprochen, wie bei den anderen. Im ersten Jahrzehnt liegt der Tiefstand, und im ersten und zweiten findet eine im wesentlichen ruhige Auf- und Abbewegung statt mit Höchstschwankungen von 20—30 Pf. pro Kilogramm.

Es ist aber doch anzunehmen, daß trotz der erhöhten Preise heute mehr Fleisch pro Kopf in Berlin verzehrt wird, als vor 10, 20 und 30 Jahren. Diese Behauptung zahlenmäßig zu erhärten, scheint mir aussichtslos. In den Jahresberichten der Direktion des Zentral-Schlacht- und Viehhofes sind für frühere Jahre Prokopfberechnungen des Fleischkonsums gemacht worden, aus denen sich seine Zunahme ersehen ließ, man hat die Berechnungen aufgegeben, weil sich nie mit Sicherheit die Zahl der am Berliner Fleischkonsum Teilnehmenden und die Menge des verzehrten Fleisches erfassen läßt. Als Beweis bleibt die augenscheinliche

Beobachtung, daß der regelmäßige Fleischgenuß in tiefere Bevölkerungsschichten gedrungen ist als früher.

Tabelle III: Ernte, Fleischangebot und Preis.

Jahr	Ernteverhältnisse	Schweine Auftrieb Stück	Schweine Schlachtungen Stück	Schweine Preis 100 kg Lebendgewicht 20% Tara Mk.	Rind Auftrieb Stück	Rind Schlachtungen Stück	Rind Preis 100 kg Ochsen II Schlachtgewicht Mk.	Bemerkungen
1898	Geringe Ernte. Hohe Futterpr.	815 150	642 855	111,3	222 004	153 341	113,3	97/98 Rückgang der Viehzucht. Maul- und Klauenseuche
1899	Sinken der Futterpreise	890 984	715 307	94,8	223 550	159 192	115,9	Hebung der Schweinezucht
1900	—	996 439	830 537	95,5	256 982	182 361	119,1	Starke Nachfrage nach Schweinefleisch
1901	Steigen der Preise b. meist. Futtermittel	951 950	797 165	112,0	259 782	190 390	117,3	—
1902	Gute Futtermittelernte	886 901	761 097	118,8	227 660	162 167	121,4	Geringe Mäst. und Beschickung der Märkte.
1903	Gute Ernte	1 175 428	895 206	99,7	210 140	153 426	129,0	Krisis für Schweinezebr. überwund., für Rindvieh nicht.
1904	Mißernte an Hackfrüchten u. Heu	1 219 981	1 005 027	98,0	227 503	162 398	131,5	Schlecht. Fleisch
1905	Ernte ziemlich gut	1 174 682	964 612	128,0	235 314	167 279	137,5	Viehmangel
1906	Ernte gut	1 158 461	959 575	133,8	247 835	164 035	147,7	Inkrafttreten der neuen Zollverträge
1907	Ernte mittelmäßig	1 419 602	1 145 808	110,3	247 780	157 627	146,6	Schweinebedarf gedeckt, Rindviehbedarf noch nicht ganz.
1908	gute Ernte	—	1 140 279	116,3	—	153 783	139,0	Nachfrage nach Rindv. gedeckt

Die Bemerkungen der ersten und letzten Spalte nach den Jahresberichten der Direktion des Schlacht- und Viehhofes. — Auftrieb und Schlachtungen nach den Statistischen Jahrbüchern der Stadt Berlin. — Preise nach den Statistischen Jahrbüchern für das Deutsche Reich.

Preisbildung.

Das Angebot. Berlin, das größte Konsumtionszentrum Deutschlands, erhält seinen Fleischbedarf fast aus allen Gegenden des Reiches und zu einem kleinen Teile auch aus dem Auslande.

Für die Preisgestaltung kommt nur das inländische Angebot in Betracht. Dieses ist in überwiegendem Maße von dem Ausfalle der Futtermittelernte beeinflußt. Nach einer schlechten Ernte verringern die Landwirte und Mäster ihre Viehbestände durch starke Abgabe an den Markt und erhöhen damit den Auftrieb. Sie ergänzen sie wieder bei günstigen Futterverhältnissen und verringern dann durch Zurückhaltung vom Markte das Angebot. Im ersten Falle wird der Preis die Tendenz haben zu fallen, im zweiten zunächst zu steigen.

Daß sich solche Einflüsse auf dem Berliner Markte bemerkbar machen, zeigt die Tabelle III. Die Wirkung der Ernte auf Angebot und Preis läßt sich aus ihr ablesen, man muß nur berücksichtigen, daß auch andere Momente noch mitsprechen, wie die Bewegung der Nachfrage, die z. B. 1900 den Preis für Schweinefleisch trotz gesteigerten Angebotes gehalten hat. Es darf auch nicht vergessen werden, daß der Bedarf an Schweinefleisch nach einem ungünstigen Jahre viel schneller wieder gedeckt werden kann, als der des Rindfleisches, weil das Schwein schneller schlachtreif ist.

Besonders charakteristisch für diese Zusammenhänge sind die Jahre 1904—1906. Das Jahr 1904 brachte eine Mißernte. Die Folge war ein stärkerer Auftrieb, mehr Schlachtungen auf dem städtischen Schlachthofe und ein Nachgeben der Preise in diesem Jahre. (Für Rindvieh kommt letzteres in der Tabelle nicht zum Ausdrucke, doch gibt der Schlachthofbericht als Durchschnitt der niedrigsten Preise für 50 kg Rind Schlachtgewicht 1903 49,26 Mk., 1904 44,2 Mk. an.) 1905 und 1906 tritt nun Viehmangel im Lande ein, das Angebot an Fleisch ist sehr knapp, und die Preise steigen. Der Schlachthofbericht berechnet, daß 1905 9 516 966 kg Fleisch weniger in den Konsum gebracht sind als 1904.

Der Preis aber stieg im Durchschnitt der niedrigsten Preise:
für 50 kg Rind Schlachtgewicht . . . . von 44,42 auf 49,88 Mk.,
„ 50 „ Schwein Lebendgewicht 20 % Tara „ 46,88 „ 64,11 „

Das scharfe Anziehen der Preise im Kleinhandel ist oben festgestellt worden.

Fleischteuerungsperioden, die auf einem Mangel an Fleisch, wenn nicht auf dem Lande, so doch auf dem Markte beruhen, kehren immer wieder. Sie müssen bei der steigenden Nachfrage immer heftiger werden, wenn es nicht gelingt zu verhindern, daß die Produzenten nach jeder schlechten Futtermittelernte die wichtigste Nährquelle gewissermaßen soweit auslaufen lassen, daß sie nachher auf Jahre hinaus nur sickert. Den Produzenten aber kann man so lange keinen Vorwurf daraus machen, als sie keine hinreichende Sicherheit haben, daß sie auf ihre Kosten kommen. Das ist heute nicht der Fall, und wird so bleiben, wenn sich nicht die Verhältnisse im Fleischhandel sehr wesentlich ändern. Dazu ist aber leider wenig Aussicht.

Der Fleischhandel. Die große Masse der Produzenten, die Vieh zur Schlachtung aufziehen und mästen, ist nicht in der Lage, selbst die Produkte an den städtischen Viehhof, die große Zentrale der Berliner Fleischversorgung, zu bringen, sondern ist auf Aufkäufer angewiesen. Diese reisen in bestimmten Bezirken umher und kaufen teils mit eigenem, sehr oft aber mit kreditiertem Gelde das Vieh im Stalle und schaffen es direkt oder durch Übergabe an einen größeren Händler auf der Bahn nach Berlin. Hier kommt es durch Vermittlung großer Kommissionsgeschäfte zum Verkauf, und zwar, soweit es in der Stadt selbst verzehrt wird, in der Hauptsache an Großschlächter, in geringerem Umfange auch an andere Käufer, Restaurateure usw. Das Vieh wird auf dem Schlachthofe von den Großschlächtern oder auch im Auftrage anderer Käufer von Lohnschlächtern geschlachtet. In diesem Stadium ist das beste Fleisch meist schon fest in den Händen von Fleischern und Ladeninhabern der wohlhabendsten Gebiete Groß-Berlins. Der andere, sehr viel größere Teil des Fleisches geht, noch im Besitze der Großschlächter, auf die Zentralmarkthalle. Dorthin kommt auch viel von Schlächtern der weiteren Umgegend geschlachtetes Fleisch. An dieser zweiten Zentralstelle wird es im Großhandel an Fleischer und Ladeninhaber abgegeben, und jetzt endlich ist die letzte Etappe erreicht, die Ware kann in den Konsum übergehen.

Der riesenhafte, vielstraßige Handel preßt sich im Kommissionsgeschäft zu einem Engpaß zusammen, durch den alle Geschäfte hindurch müssen, um dann wieder auf vielen Wegen weiter zu laufen. Diese Konzentration ist heute zu einer glatten Abwicklung des Handels gewiß erforderlich, aber es ist an dieser Stelle nicht nur ein Durchgangspunkt, sondern auch eine Machtzentrale, die den Zu- und Abmarsch auf weite Strecken hin beherrscht. Die Kommissionäre sind die Geldleute am Viehmarkte, die mit Millionen bei großem Risiko arbeiten. Sie geben einmal den Aufkäufern, dann aber auch den Großschlächtern Kredit, auch wohl Fleischern, oder diese sind Schuldner der Großschlächter. Kurz, es entsteht von den Kommissionären ausgehend ein System von Macht- und Abhängigkeitsverhältnissen, das den Handelsweg und die Preisbildung undurchsichtig macht. Die Abhängigen arbeiten vielfach mit wenig eigenen Mitteln, sind ganz auf den ihnen gewährten kurzfristigen Kredit angewiesen und werden ruiniert, wenn sie säumig zahlen. Je schwächer die Lage des Schuldners ist, um so mehr muß er aus seinem Geschäft herausschlagen, ohne doch mehr zu erreichen, als sich gerade über Wasser zu halten. Anderseits ist der Kommissionär, der solche unsichere Existenzen zu Kunden hat, selbst zum Händler geworden: er ist am billigen Einkauf von den Produzenten, am teueren Verkauf an die Konsumenten interessiert. Das sind schwere Gefahren, die einer richtigen Preisbildung nach dem Verhältnis von Vorrat und Bedarf drohen. Daß Beziehungen, wie sie hier geschildert sind, am Berliner Markte bestehen, weiß man, sie im einzelnen aufzudecken, ist für den Unbeteiligten unmöglich.

Den Kommissionären, die mit ihrem Gelde und ihrer Marktkenntnis den Markt beherrschen, stehen eine stark zersplitterte Produktion und Landwirte gegenüber ohne viel größere Marktkenntnis, als sie gerade die letzte Marktnotiz gibt. Ist es da ein Wunder, wenn der Landwirt bei ungünstigen Verhältnissen, d. h. bei hohen Futtermittelpreisen, das Risiko von Aufzucht und Mästung des Viehs bis zur Schlachtreife nicht übernimmt? Er darf das gar nicht, wenn er sich nicht ruinieren soll. Seit einer Reihe von Jahren schließen sich allerdings mehr und mehr Landleute zu Viehverwertungsgenossenschaften zusammen, aber so bedeutend ist die Bewegung noch nicht, daß sie die Regelmäßigkeit von Produktion und Absatz garantieren könnte. Es bestehen in Deutschland 150—160 Genossenschaften zu gemeinsamem Viehverkauf, aber sie sind in der Hauptsache lokal begrenzt, sie übersehen vielleicht Provinzen, nicht aber das ganze Reich, wie es erforderlich wäre.

Das Ziel einer einheitlichen Zusammenfassung der Produktion für den Absatz wird durch die Zentrale für Viehverwertung, e. G. m. b. H., in Berlin angestrebt. Sie wurde 1899 durch die Zentralstelle der preußischen Landwirtschaftskammern gegründet und will, neben anderen die Viehzucht hebenden Zielen, die Verwertung von Vieh und Viehprodukten der Mitglieder durch gemeinschaftlichen Verkauf und den Betrieb von Handels- und Kommissionsgeschäften an den Fettviehmärkten Deutschlands in die Hand nehmen. Die Entwicklung der Zentrale ist in den ersten Jahren eine schnelle gewesen. Die Mitgliederzahl stieg von 249 im Jahre 1900 auf 2227 im Jahre 1904, die Haftsumme betrug in den gleichen Jahren 208 500 Mk. bzw. 2 609 000 Mk. 1910 waren es aber nicht mehr als 2257 Mitglieder bei einer Haftsumme von 2 647 000 Mk. (unter den Mitgliedern 151 Viehverwertungsgenossenschaften). Das ist eine viel zu langsame Fortentwicklung, die für die nächste Zeit kaum einen wachsenden

Einfluß der organisierten Produktion erwarten läßt. Die Bedeutung der Zentrale für den Berliner Viehmarkt ist nicht groß. Ihr jährlicher Auftrieb am Viehhofe beträgt (nach mündlichen Angaben) etwa:

5 000— 7 000 Rinder
10 000—15 000 Schweine
1 000— 1 500 Kälber
10 000—15 000 Hammel.

Mit solchen Mengen wird der Berliner Markt nicht beherrscht. Solange das aber nicht der Fall ist, braucht die Zentrale den Kommissionär und bleibt von ihm und vom privaten Großhandel abhängig.

Die Macht der bestehenden Handelsverhältnisse ist unerschüttert, die Produzenten sind meist einflußlos gegenüber dem oft verbündeten Händlertum und auf sich allein angewiesen.

Man kann keineswegs sagen, daß der heutige Fleischhandel aus ungesunden Wurzeln aufgewachsen ist, vielmehr muß man in ihm eine durch die Verhältnisse der Riesenstadt gebotene Entwicklung von Arbeitsteilung sehen.

Das Kommissionsgeschäft hat sich aus dem Händlergeschäft entwickelt. Der Kommissionär ist früher vielfach selbst Händler und Aufkäufer gewesen, der einen bestimmten Bezirk bereiste. So erklärt sich die heute noch häufige Erscheinung, daß ein bestimmtes Kommissionsgeschäft ein bestimmtes Gebiet der Produktion unter seiner Vermittlung hat. Es war bei dem Größerwerden Berlins, bei der wachsenden Zahl von Schlächtern und Fleischern und bei der steigenden Bedeutung des Berliner Viehmarktes für eine weitere Umgebung nötig geworden, daß an Ort und Stelle Leute waren, die eine umfassende Personalkenntnis besaßen und unter den Käufern die Schafe von den Böcken scheiden konnten. Das verlangte einen ganzen Mann, der sich nicht nebenher noch mit dem Aufkauf im Lande beschäftigen konnte. Ebenso nötig war eine Stelle, die das bare Geld vorschoß, um eine glatte und schnelle Abwicklung des Handels zwischen Leuten zu ermöglichen, die nachher zu neuem Einkauf gleich wieder Bargeld brauchen. Das sind die wichtigen, bisher noch unersetzlichen Funktionen des Kommissionärs.

Ebenso ist die Großschlächterei als Element einer notwendigen Arbeitsteilung entstanden. Vor Errichtung des Schlachthofes gab es in der Hauptsache nur kleine oder mittlere Schlächter, die zugleich Fleischverkäufer waren. Doch drängten schon damals einige

Polizeivorschriften, wie das Verbot des Viehtriebes auf den Straßen, die Anordnung über die Ableitung der Abfälle aus Schlächtereien in der Stadt, zu einer Trennung von Schlächterei und Fleischerei. Aber eine stärkere Entwicklung zu Großschlächtereien setzte doch erst nach Inbetriebsetzung des Berliner Schlachthofes am 1. März 1881 und namentlich seit der Durchführung des Schlachtzwanges auf dem Schlachthofe 1883 ein. Neben den Schlächtereien, die man alle Großbetriebe nennen kann, halten sich noch eine Anzahl Lohnschlächter, die im Auftrage von Restaurateuren und einzelnen Ladeninhabern hauptsächlich Schweine schlachten. Der Großbetrieb ist aber im Vordringen, wie aus nachstehenden Zahlen hervorgeht: Es schlachteten am Zentral-Schlachthof

	Großschlächter	darunter Schlächter nur von Schweinen	Lohnschlächter
1883	139	36	46
1895	280	88	78
1900	309	93	58
1908	322	111	49

Ich halte dies für eine günstige Entwicklung der Arbeitsteilung. Die Großschlächterei ist am ehesten imstande bei den Fleischnachfrageverhältnissen Berlins die ergiebigste Ausnutzung des Geschlachteten durchzuführen und kann den verschiedenartigen Anforderungen der Ladeninhaber und Verbrauchsanstalten der Riesenstadt am billigsten gerecht werden. Vorausgesetzt ist dabei genügende Kapitalkraft und Unabhängigkeit von Kommissionär und anderen Geldgebern.

Die Entwicklung der Arbeitsteilung hat hier, wie sonst, den Weg der Ware vom Konsumenten zum Produzenten verlängert. Damit ist aber nicht, wie man vielleicht annehmen könnte, eine Verbilligung eingetreten, sondern das Gegenteil. Das Steigen der Fleischpreise erklärt sich zum Teil daraus, daß alle Beteiligten verdienen wollen. Es fragt sich nur, ob die Verteuerung nicht zu hoch ist.

Die Kosten des Fleischhandelsweges. Die Grundlage des Fleischpreises sollte normaler Weise die Summe sein, die der Landwirt für sein Vieh bekommt. Davon konnte aber in früherer Zeit nicht die Rede sein. Der Verkauf aus dem Stalle war zuerst ein ganz willkürlicher, er erfolgte nach der Stückzahl des Viehs, und der Händler war mit seiner größeren Kenntnis der Marktlage dem kleinen Landwirte meist bedeutend überlegen. In den 90er Jahren bildete sich dann die

Gewohnheit aus nach Lebendgewicht zu verkaufen, wobei noch viel Miß=
brauch mit Wage und Gewicht getrieben wurde. Der Preis für das
Lebendgewicht bestimmte sich dabei „nach Notiz". Diese Notiz ist der
Preis, der nach amtlichen Ermittlungen während des Marktes nach Be=
endigung desselben von der Direktion des Zentral=Schlacht= und Vieh=
hofes bekannt gegeben wird. Nach einigen Verbesserungen im Laufe der
Zeit wird dieser Preis jetzt von einer Kommission auf der Grundlage fest=
gesetzt, daß von den Kommissionären Scheine über die von ihnen vermittelten
Käufe eingereicht werden müssen. Auf den Scheinen sind Zahl und
Art der verkauften Tiere und die abgemachten Preise vermerkt. Aus
den eingereichten Angaben zieht die Kommission den Mittelpreis für die
verschiedene Viehware. Bedenklich für die Richtigkeit der Notiz ist, daß
die Gewohnheit „nach Notiz" zu kaufen auch auf den Handel am Vieh=
markt übergegangen ist. Damit werden die Unterlagen für die amtliche
Preisnotierung immer geringer und das Resultat wird ein zufälliges.
Die Notiz, die jedem Landwirte zugänglich ist, wird für den Bauer
oft der einzige Anhalt über die Marktlage. Von ihr gibt ihm der
Aufkäufer einen bestimmten Prozentsatz (etwa 75 %) als Kaufpreis für
sein Vieh.

Nun beginnen die Unkosten des Fleischhandelsweges. In Betracht
kommen zuerst die Transportkosten auf der Eisenbahn. Mit Genauigkeit
sind sie natürlich so allgemein gar nicht zu fassen. Für den Frachtpreis
von größter Bedeutung ist die Ausnutzung der Waggons. Da ist der
kleine Produzent, der keinen Waggon füllen kann, schon gar nicht mehr
konkurrenzfähig, es sei denn durch eine Genossenschaft. Der Händler
aber in Verbindung mit anderen füllt leicht seine Wagen. In gewisser Hin=
sicht verbilligend wirkt heute auch noch mit, daß die Anfahrt zum Berliner
Viehmarkt meist in der Nacht vor dem Markte erfolgt, wodurch Unkosten
gespart werden. Die Frachtkosten scheinen mir nicht hoch zu sein. Sie
betragen für das Schwein im Durchschnitt etwa 1—2 Mk., für das Rind
(Ochse aus Ostpreußen) etwa 12 Mk. (Angaben eines Beamten der
Zentrale für Viehverwertung). Das ergibt pro Pfund Fleisch:

0,6—1,3 Pf. beim Schwein, dessen Fleischausbeute auf 160 Pfd.[1] angesetzt,
2,55 „ „ Rind,   „   „   „ 470 „ [1]   „

Dann ist der Kommissionär zu bezahlen. Er erhält für seine Ver=
mittlung bis 1 1/2 % vom Verkäufer:

---

[1] Angaben des Berliner Schlacht= und Viehhofes.

pro Pfund Schweinefleisch rund 1 Pfg.
„   „   Rindfleisch   „ 1,22 „

(Nach den Zusammenstellungen des Statistischen Amtes der Stadt Berlin, die auf amtlichen Berichten der Direktion des städtischen Vieh- und Schlachthofes beruhen, kosteten 1910 im Jahresdurchschnitt der Mittelpreise 50 kg Schlachtgewicht eines vollfleischigen Ochsen 81,13 Mk.; 50 kg Schlachtgewicht eines vollfleischigen Schweines (200—240 Pfund Lebendgewicht) 65,83 Mk.)

Weitere Unkosten entstehen durch die öffentlichen Abgaben. Nach dem Kommunalabgabengesetz 1893 kann die Stadt bis zu 8 % des Anlagekapitals für den Schlachthof und der gezahlten Entschädigungssummen durch Schlachtgebühren decken. Dieser Prozentsatz wird auf dem Berliner Schlachthofe noch nicht erreicht, die Gebühren sind hier niedriger als auf vielen anderen Schlachthöfen. Ferner ist die Fleischbeschau nach dem Reichsfleischbeschaugesetz 1900 und den preußischen Ausführungsgesetzen seit dem 1. April 1903 allgemein und obligatorisch.

In der nachstehenden Übersicht ist die Belastung des Kilogramm Fleisch durch diese Gebühren für einige Jahre berechnet.

	Rind		Schwein	
	Gebühren für Schlachten und Fleischbeschau	Belastung pro Kilogramm	Gebühren für Schlachten und Fleischbeschau	Belastung pro Kilogramm
1896	2,30 Mk.	0,98 Pf.	2,60 Mk.	3,22 Pf.
1901	3,40 „	1,45 „	3,20 „	4,00 „
1904	3,80 „	1,62 „	3,45 „	4,31 „
1908	3,90 „	1,69 „	3,55 „	4,44 „

Dazu kommt das Marktstandgeld pro Rind 1,25 Mk., pro Schwein 0,50 Mk. Es ist nur einmal zu entrichten, gleichgültig, wie oft das Tier an den Markt gestellt wird.

Und endlich:

	Schwein	Rind
Wiegegebühr	0,10 Mk.,	0,20 Mk.
Futter	0,75 „	1,75 „
Streu	— „	0,30 „
Treiber usw.	0,30 „	0,80 „
Versicherung	0,90 „	9,00 „
Summe	2,05 Mk.	12,05 Mk.
pro Pfund Fleisch	1,28 Pf.	2,56 Pf.

Zusammengestellt ergeben alle diese Unkosten pro Pfund Fleisch:

	Schwein	Rind
Fracht	1,00 Pf.	2,55 Pf.
Kommissionär	1,00 „	1,22 „
Schlachten, Beschau	2,22 „	0,84 „
Marktstandgeld	0,30 „	0,27 „
Sonstige	1,28 „	2,56 „
Summe	5,80 Pf.	7,44 Pf.

Weitere Unkosten sind die der Schlächter und Fleischer. Diejenigen des Schlächters sind nicht groß. Er muß sich Gesellen, Kutscher und Pferde halten und hat auf dem Schlachthofe und der Zentralmarkthalle für Kühlräume, Pökelzellen, Verkaufsstand, Keller- und Lagerräume Mieten zu zahlen, die nicht sehr hoch sind. Die Belastung auf das Pfund Fleisch kommt nicht in Betracht.

Endlich der Fleischer, die letzte Instanz. Die Aufschläge, die er machen muß, und die er wirklich macht, sind ganz unberechenbar. Da flechten sich sachliche und persönliche Verhältnisse ineinander, die in jedem Falle andere sind.

Gerlich billigt dem soliden Geschäftsbetrieb 6—8% für Geschäftsunkosten, 2% Verlust beim Verwiegen und Detaillieren von der Gewinneinnahme zu (Dr. H. Gerlich, Maßnahmen der deutschen Städteverwaltungen für die Fleischversorgung der Bevölkerung. Deutscher Landwirtschaftsrat, Vorlagen der 38. Plenarversammlung vom 15. bis 18. Februar 1910, Drucksache Nr. 7, Seite 52 ff.).

Das wären 10% der Differenz vom Einkaufspreis des Fleisches im Großhandel mit dem Verkaufspreis im Kleinhandel. Nach den Zusammenstellungen des Statistischen Amtes der Stadt Berlin kosteten im Großhandel in der Zentralmarkthalle 1910 50 kg Rindfleisch (Ochsen, II. Qual.) 69,07 Mk., oder das Pfund 69,07 Pf. Im Kleinhandel stand das Pfund Rindfleisch (Mittel aus Keule und Bauch nach dem Statistischen Amt) auf 82,5 Pf. Die Differenz beträgt 13,43 Pf., und 10% hiervon sind rd. 1,5 Pf.

Dieselbe Rechnung für Schweinefleisch ergibt:

Großhandel 50 kg 66,04 Mk., das Pfund 66 Pf.

Kleinhandel (Schulter u. Bauch) „ „ 79 „

Differenz 13 Pf. 10% rd. 1,5 Pf.

Die Unkosten des Fleischers betragen also rund 1,5 Pf. auf das Pfund Fleisch. Die gesamten Unkosten erreichen demnach die Höhe von
rund 9 Pf. für das Pfund Rindfleisch
„ 7,3 „ „ „ „ Schweinefleisch.

Die Belastung ist mit der Spannung zwischen Vieh- und Fleischpreis zu vergleichen. Diese Spannung läßt sich mit Genauigkeit nicht erfassen, schon weil die dem Landwirte für sein Vieh gezahlten Preise nicht bekannt sind. Am nächsten kommt ihr die Differenz zwischen dem auf dem Viehhofe gezahlten Preise für Lebendgewicht und dem Kleinhandelspreis für Fleisch.

50 kg Lebendgewicht eines vollfleischigen Ochsen höchsten Schlachtwertes kosteten 1910 44,71 Mk. (nach den Zusammenstellungen des Statistischen Amtes der Stadt Berlin), das Pfund also rund 45 Pf., der Kleinhandelspreis für Rindfleisch war 82,5 Pf. für das Pfund. Die Differenz dieser beiden beträgt 37,5 Pf.

50 kg Lebendgewicht eines vollfleischigen Schweines (100—240 Pfund Lebendgewicht) kosteten 1910 52,63 Mk., das Pfund rund 53 Pf. Der Kleinhandelspreis für Schweinefleisch war 79 Pf. für das Pfund. Die Differenz beträgt 26 Pf.

Nach Abzug der Unkosten von dieser Differenz bleibt eine Einnahme vom Pfunde beim Rindfleisch (37,5—9) von 28,5 Pf., beim Schweinefleisch (26—7,3) von 18,7 Pf. Das sind beim Rindfleisch 63,3 %, beim Schweinefleisch 35,25 % des Preises für Lebendgewicht auf dem Viehhofe, also des Preises, der annähernd dem Landwirte für sein Vieh gezahlt worden ist. Diese hohen Prozentsätze, die aus den Durchschnittszahlen eines Jahres berechnet sind, können selbstverständlich nicht allgemeine Gültigkeit haben. Ein solches Urteil müßte auf viel umfassendere Untersuchungen aufgebaut werden. Mir kam es nur darauf an, nachzuweisen, daß das Fleisch durch den langen Weg des Handels stark verteuert wird, und daß die sichtbaren Unkosten verhältnismäßig geringen Anteil daran haben.

Vieh und Fleisch geht durch zu viele Hände, zu viele Stellen gibt es, an denen ein Aufschlag gemacht und seine Höhe verschleiert werden kann. Daher entsteht auch immer wieder der noch nicht entschiedene Streit, wer der eigentliche Verteurer ist und in wessen Tasche der Gewinn fließt. Ich glaube, daß eine anhaltende Verbilligung des Fleisches erst nach einer Änderung der Organisation des Handels eintreten könnte.

Die Konsumenten können sich bei der Unklarheit der Preisbildungsverhältnisse kaum gegen eine Verteuerung wehren. Es sei denn, daß sie in Konsumvereinen den Fleischhandel in die eigene Hand nehmen. In Berlin sind solche Versuche in ganz unbedeutendem Umfange gemacht worden. In Hamburg gibt es eine Schlächterei und einen Fleischvertrieb des Konsumvereins. Er soll sich aber nicht befriedigend rentiert haben.

Ähnliche Erfahrungen hat man auch anderwärts gemacht. Ein Mitglied des Vorstandes der Berliner Konsumgenossenschaft bemerkte über die hier obwaltenden Gründe etwa folgendes: „Die Mitglieder der Konsumvereine sind meistens Minderbemittelte, die Fleisch nur in kleinen Portionen und nicht bester Qualität verlangen. Was soll nun, wenn der Absatz nur auf Mitglieder beschränkt ist, aus den großen Braten und den guten teuren Stücken werden. Das Geschäft kann sich unter den heutigen Verhältnissen für den Konsumverein nicht recht lohnen." Diese einfache Logik leuchtet ein. Es kommt hinzu, daß die Konsumvereine weder kapitalkräftig genug sind, noch auch ihre Leiter die nötige Bewegungsfreiheit haben, um den Handel von der Produktion bis in den Konsum in die Hand nehmen zu können. Dies allein aber könnte helfen. Ein Mittel, das die Gesamtheit der Konsumenten anwenden kann, ist der Druck der öffentlichen Meinung, der schließlich in ein gewisses Zurückgehen der Nachfrage ausmündet. Das hat immer noch gewirkt, aber doch nur vorübergehend. Beruhigt sich die öffentliche Meinung, so geht alles wieder seinen alten Gang, und der Geschädigte, der vielleicht gar nicht einmal der Schuldige war, hält sich nun doppelt schadlos.

Das Brot.

Das Brot steht im Berliner Arbeiterhaushalte dem Aufwande nach an zweiter Stelle, es ist aber das wichtigste Volksnahrungsmittel, aus dem einfachen Grunde, weil es durch kein anderes Nahrungsmittel ersetzt werden kann und stets in großen Mengen verzehrt werden muß.

(Tabelle der Brot- und Mehlpreise auf Seite 22.)

Preisbewegung.

Die Tabelle ergibt die Preisbewegung für Roggen- und Weizenbrot und -Mehl. Die Zahlen sind den Statistischen Jahrbüchern der Stadt Berlin entnommen. Die Jahresdurchschnitte geben, wie überhaupt ein jeder derartiger Durchschnitt, nur einen ungefähren Anhalt.

Tabelle der Brot- und Mehlpreise.

Jahr	Brot					
	1 kg in Pf. Roggenbrot		1 kg in Pf. Weizenbrot		1 kg in Pf. Roggenmehl	1 kg in Pf. Weizenmehl
	Polizei-Präsidium	Stat. Amt der Stadt	Polizei-Präsidium	Stat. Amt der Stadt	Stat. Amt der Stadt	Stat. Amt der Stadt
1880	—	—	—	—	—	—
1881	24	—	47	—	—	—
1882	24	—	45	—	—	—
1883	23	—	45	—	—	—
1884	22,5	—	45	—	—	—
1885	22	—	45	—	—	—
1886	20	20,80	45	—	17,9	—
1887	21	20,65	45	—	17,06	—
1888	22	21,22	45	—	18,9	—
1889	24,5	24,69	49	—	21,77	—
1890	26	27,18	61	—	23,45	—
1891	31	31,7	62,5	46,7	29,05	31,2
1892	27	29,52	46	43,4	23,97	26,6
1893	19	21,89	33	37,7	17,69	21,4
1894	—	20,43	—	35,2	15,47	19,0
1895	—	20,63	—	34,5	16,50	20,7
1896	—	20,93	—	36	16,30	21,9
1897	—	22,30	—	38	17,44	24,4
1898	—	25,15	—	43	20,12	26,4
1899	—	24,21	—	41,7	19,37	22,0
1900	—	23,96	—	41,3	19,31	21,10
1901	—	24,23	—	41,4	18,86	23,00
1902	—	24,21	—	41,7	19,61	23,10
1903	—	23,85	—	41,6	17,97	21,74
1904	—	23,5	—	41,8	17,55	23,42
1905	—	24,3	—	42,7	19,07	22,91
1906	—	27,06	—	44,9	21,00	24,13
1907	—	30,82	—	49,36	25,35	28,21
1908	—	31,78	—	53,22	23,77	28,04
1909	—	30,2	—	54,2	22,25	31,23
1910	—	27,65	—	53,89	—	—

Die Resultate sind auf Stichproben aufgebaut, die an bestimmten Tagen in verschiedenen Bäckereien gemacht wurden. Bei der Berechnung der Preise ist berücksichtigt, daß der Bäcker, um den Preis nicht ändern zu müssen, das Brotgewicht ändert. Der starke Unterschied in den Angaben des Polizei-Präsidiums und des Statistischen Amtes beim Weizenbrotpreis im Jahre 1891 ist darauf zurückzuführen, daß die Untersuchungen des Statistischen Amtes für Weizenbrot in diesem Jahre noch nicht das ganze Jahr umfassen.

Die Preisbewegung für Roggen- und Weizenbrot ist eine ähnliche, nur sind beim Weizenbrot die Schwankungen stärkere. Die teuersten Jahre sind 1891 und 1908/09, die billigsten 1894 und 1895. Der Preisunterschied dieser Jahre beträgt für das Kilogramm Roggenbrot 11 bis 12 Pf., für das Kilogramm Weizenbrot 19—20 Pf. Von Jahr zu Jahr sind die Schwankungen sehr viel geringer, wie die folgende Übersicht der Differenzen über 1 Pf. pro Kilogramm zeigt:

	Roggenbrot	Weizenbrot	Bei einem Konsum von 500 kg Roggen-, 50 kg Weizenbrot beträgt die jährl. Mehr- bzw. Minderausgabe gegen das Vorjahr
1882 . . .	— Pf.	—2,0 Pf.	—1,00 Mk.
1889 . . .	2,5—3,5 „	4,0 „	17,00 „
1890 . . .	1,5—2,5 „	12,0 „	16,00 „
1891 . . .	4,5—5,0 „	1,5 „	24,50 „
1892 . . .	—2,2—4,0 „	—3,3 „	—17,15 „
1893 . . .	—7,6—8,0 „	—5,7 „	—41,85 „
1894 . . .	— 1,9 „	—2,5 „	—10,75 „
1895 . . .	1,0 „	— „	5,00 „
1896 . . .	— „	1,5 „	0,75 „
1897 . . .	1,0 „	2,0 „	6,00 „
1898 . . .	3,0 „	5,0 „	17,50 „
1899 . . .	—1,0 „	—1,3 „	—5,65 „
1906 . . .	2,8 „	2,2 „	15,15 „
1907 . . .	3,7 „	4,5 „	20,75 „
1908 . . .	1,0 „	3,8 „	6,90 „
1909 . . .	—1,6 „	1,0 „	—7,50 „
1910 . . .	—2,5 „	— „	—12,50 „

Für eine Familie von vier bis fünf Mitgliedern kann das oben angegebene Quantum Brot nicht als groß bezeichnet werden. Solche Familien werden daher von der Brotpreisbewegung zum mindesten in der errechneten Stärke getroffen worden sein. Die Mehrbelastung zeigt sich namentlich in den Perioden 1889—1891 und 1906—1908 als sehr erheblich, sie wird seit 1895 durch die nachfolgende Wenigerbelastung auch nicht wieder ausgeglichen. Seit 1895 ist danach die Tendenz des Brotpreises eine steigende gewesen, und zwar von 1904—1908 ununterbrochen. 1909 ist für Roggen-, 1910 für Weizenbrot der Preis zwar zurückgegangen, doch ist nach den Weltmarktverhältnissen des Brotgetreides

für die nächste Zukunft ein weiteres, stärkeres Weichen der Preise nicht
zu erwarten.

Preisbildung.

Entscheidend für den Brotpreis ist zunächst der Preis der Rohstoffe
des Brotes, der beiden wichtigsten Brotgetreide Roggen und Weizen.
Der Preis für Roggen und Weizen wird seit den 70 er Jahren in steigen=
dem Maße von Weltmarktverhältnissen bestimmt und durch unsere Schutz=
zölle auf einer Höhe gehalten, die den inländischen Brotgetreidebau rentabel
macht. Im einzelnen liegen die Verhältnisse bei Roggen und Weizen verschieden.

An Roggen deckt Deutschland seinen Bedarf so reichlich, daß seit
1908 die Ausfuhr die Einfuhr weit übersteigt. Wahrscheinlich würde
sich dieses Bild ohne Zollschutz und Einfuhrscheine aber ändern. Bei
guter, d. h. vornehmlich russischer Welternte würde dann der deutsche
Markt mit ausländischem Roggen überschwemmt werden und der Preis
vermutlich unter die Rentabilitätsgrenze sinken. An Weizen deckt die
heimische Produktion den Bedarf nicht. Etwa ein Drittel wurde in den
letzten Jahren aus dem Auslande bezogen, während die eigene Ausfuhr
nur ein Zehntel und weniger der Einfuhr betrug. Auch ist der Druck
des Angebotes von Weizen ein stärkerer, weil viele große Produktions=
gebiete in allen Teilen der Welt vorhanden sind: Rußland, Argentinien, die
Vereinigten Staaten, die Donauländer, Ostindien, der Australische Bund usw.

Die Verschiedenartigkeit des Verhaltens von Roggen= und Weizen=
einfuhr geht aus nachstehenden Jahrzehntdurchschnitten hervor:

Deutschland

Weizen	Nettoeinfuhr in Tonnen absol.	rel.
1880—1889 . . .	448 463	100
1890—1899 . . .	1 102 093	245,8
1900—1909 . . .	1 898 515	423,4
Roggen		
1880—1889 . . .	726 240	100
1890—1899 . . .	701 163	96,8
1900—1909 . . .	359 939	49,7

Die Weizeneinfuhr ist um das Vierfache gestiegen, die des Roggens
um mehr als die Hälfte zurückgegangen. Die heimische Produktion von
Weizen ist im ganzen während des letzten Jahrzehnts eine gleichmäßige
gewesen, während die des Roggens zugenommen hat. Der Weizenpreis
ist in der letzten Hälfte des dritten Jahrzehnts ständig gestiegen und
steht 1909 höher als während der ganzen vorhergehenden Zeit, dagegen

ist der Roggenpreis nach Kulmination im Jahre 1907 wieder gefallen. Es ist daher wohl möglich, allerdings noch nicht erwiesen, daß beim Weizen die Weltnachfrage dem Weltangebot vorauseilt und mithin für die nächsten Jahre ein weiteres Steigen der Preise zu erwarten ist, es sei denn, daß der Weizenzoll ermäßigt würde; zu einer solchen bedeutungsschweren Tat scheint mir aber noch nicht hinreichend festgestellt, daß die Aufwärtsbewegung anhalten wird und unsere Landwirtschaft deshalb ohne Zölle auskommen kann. Beim Roggenbrot, das für die Ernährung der Minderbemittelten wichtiger ist, liegen die Verhältnisse für die Konsumenten günstiger.

Auf dem Großhandelspreise des Getreides baut sich die weitere Preisbildung auf. Der Etappenweg zwischen Urproduktion und Übergang der fertigen Ware in den Konsum ist nicht sehr lang: Getreide — Müllerei — Mehlhandel — Bäcker. Das Mehl ist, soweit es für die Brotbereitung in Frage kommt, ein Objekt des Großhandels. Es wird, wie das Getreide, an der Börse umgesetzt. An diesem Geschäft beteiligt sich der Bäcker meist nicht mehr direkt; er bezieht sein Mehl vom Mehlhändler. Das ist eine Arbeitsteilung, gegen die nichts einzuwenden ist, denn sie befreit den Bäcker, der in der Mehrzahl der Fälle nur ein kleiner Unternehmer ist, von den Gefahren der Spekulation.

Der Mehlpreis schließt sich verhältnismäßig eng der Bewegung des Getreidepreises an, wie aus der Tabelle der Spannungen hervorgeht, wobei noch zu berücksichtigen ist, daß für Mehl Kleinhandelspreise eingesetzt sind. Die Kurve dieser Spannung verläuft im großen und ganzen horizontal, abgesehen von den abnormen Jahren 1890/91, die Differenz der höchsten und niedrigsten Spannung beträgt beim Weizen 3,6 Pf., beim Roggen 4,3 Pf. pro Kilogramm. Diese Gleichmäßigkeit der Bewegung ist auf die preisausgleichende Wirkung des Börsenhandels zurückzuführen. Anders laufen die Spannungen zwischen Korn- und Brot-, Mehl- und Brotpreis. Der Unterschied der stärksten und schwächsten Korn- und Brotpreisspannung ist beim Weizen 11,8 Pf., beim Roggen 5,4 Pf. pro Kilogramm. Die Tendenz der Kurve ist beim Weizen seit Mitte der 90er Jahre eine kräftig hinaufgehende, ebenso steigt auch die Kurve beim Roggen im ganzen gesehen von 1895 ab an. Diese Divergenz der Spannungen läßt den Schluß zu, daß die Verteuerung des Brotes, namentlich im letzten Jahrzehnt, in stärkerem Maße den Bäckern zur Last zu legen ist, als dem Getreide- und Mehlhandel. Ich übergehe die Frage nach dem Maße der Verteuerung durch Müllerei und Mehlhandel, um nur das durch den Bäcker hervorgerufene zu prüfen.

Tabelle der Spannungen im Preise von Korn — Brot — Mehl.

Es kostete 1 kg in Pf.	86	87	88	89	90	91	92	93	94	95	96	97	98	99	1900	01	02	03	04	05	06	07	08	09	10
Weizen (Großhandel. Berlin)	—	—	—	—	—	22,4	17,6	15,2	13,6	14,2	15,6	17,4	18,5	15,5	15,2	16,4	16,3	16,1	17,4	17,5	18,0	20,6	21,1	23,4	—
Weizenmehl n. Stat. Amt b. Stadt	—	—	—	—	—	31,2	26,6	21,4	19,0	20,7	21,9	24,4	26,4	22,0	21,1	23,0	21,7	21,7	23,4	22,9	24,1	28,2	28,0	31,2	—
Weizenbrot n. Stat. Amt b. Stadt	—	.	—	—	—	46,7	43,4	37,7	35,2	34,5	36,0	38,0	43,0	41,7	41,3	41,4	41,7	41,6	41,8	42,7	44,9	49,9	53,2	54,2	53,9
Spannung:																									
Korn und Mehl	—	—	—	—	—	8,8	9,0	6,2	6,6	6,5	6,3	7,0	7,9	6,5	5,9	6,6	6,8	5,6	6,0	5,4	6,1	7,6	6,9	7,8	—
Mehl und Brot	—	—	—	—	—	15,5	16,8	16,3	16,2	13,8	14,1	13,6	16,6	19,7	20,2	18,4	18,6	19,9	18,4	19,8	20,8	21,7	25,2	23,0	—
Korn und Brot	—	—	—	—	—	24,3	25,8	22,5	21,6	20,3	20,4	20,6	24,5	26,2	26,1	25,0	25,4	25,5	24,4	25,2	26,9	29,3	32,1	30,8	—

Es kostete 1 kg in Pf.	86	87	88	89	90	91	92	93	94	95	96	97	98	99	1900	01	02	03	04	05	06	07	08	09	10
Roggen (Großhandel. Berlin)	13,1	12,1	13,5	15,6	17,0	21,1	17,7	13,3	11,8	12,0	11,9	13,0	14,6	14,6	14,3	14,1	14,4	13,2	13,5	15,2	16,1	19,3	18,7	17,7	—
Roggenmehl n. Stat. Amt b. Stadt	17,9	17,1	18,9	21,8	23,5	29,2	24,0	17,7	15,5	16,5	16,3	17,4	20,1	19,4	19,3	18,9	19,6	18,0	17,6	19,1	21,0	25,4	23,8	22,3	—
Roggenbrot n. Stat. Amt b. Stadt	20,8	20,7	21,2	24,7	27,2	31,7	29,5	21,9	20,4	20,6	20,9	22,3	25,2	24,2	24,0	24,2	24,2	23,8	23,5	24,3	27,1	30,8	31,8	30,2	27,7
Spannung:																									
Korn und Mehl	4,8	5,0	5,4	6,2	6,5	8,0	6,3	4,4	3,7	4,5	4,4	4,4	5,5	4,8	5,0	4,8	5,2	4,8	4,1	3,9	4,9	6,1	5,1	4,6	—
Mehl und Brot	2,9	3,6	2,3	2,9	3,7	2,6	5,5	4,2	4,9	4,1	4,6	4,9	5,1	4,8	4,7	5,3	4,6	5,8	5,9	5,2	6,1	5,4	8,0	7,9	—
Korn und Brot	7,7	8,6	7,7	9,1	10,2	10,6	11,8	8,6	8,6	8,6	9,0	9,3	10,6	9,6	9,7	10,1	9,8	10,6	10,0	9,1	11,0	11,5	13,1	12,5	—

Die Verteuerung der Lebensmittel in Berlin im Laufe der letzten 30 Jahre. 27

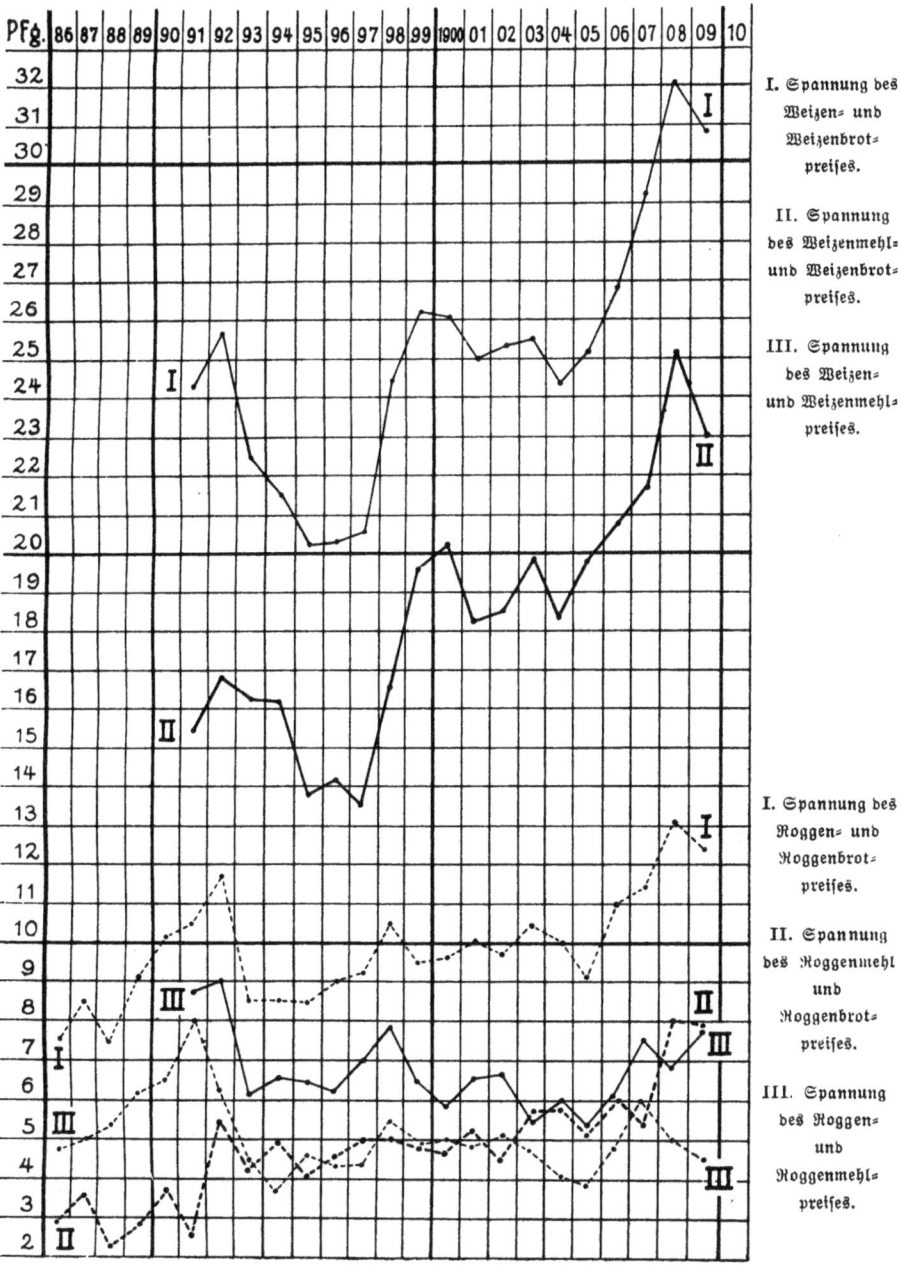

Die Kalkulation.

Zugrunde gelegt ist die Kalkulation für Roggenbrot und Schrippen nach „E. Baar, Die Kalkulation des Bäckers. Hartmanns Bäckerei und Konditoreibücher-Verlag. Berlin 1910." Nach diesem Buche wird in Fach- und Fortbildungsschulen und in Meister- und Gesellenkursen Unterricht erteilt, und es ist von im praktischen Leben stehenden Meistern geprüft und anerkannt.

Kalkulation für

Roggenbrot				Schrippen		
200 Pfd.	Roggenmehl	21,00 Mk.	200 Pfd.	Weizenmehl	28,00 Mk.
2 „	Salz	0,20 „	4 „	Hefe	1,80 „
6 „	Mehlz. Wirk.	0,63 „	3 „	Salz	0,30 „
			3 „	Zucker	0,75 „
			10 „	Wirkmehl	1,40 „
	Summe	21,83 Mk.		Summe	32,25 Mk.
Allgemeine Unkosten		8,00 „	Allgemeine Unkosten		24,00 „
Geschäftsgewinn		3,00 „	Geschäftsgewinn		8,00 „
Verkaufspreis		32,83 Mk.	Verkaufspreis		64,25 Mk.

Aus diesen Rohstoffen lassen sich backen:

Roggenbrot

73 Brote à 4 Pfd. zu 45 Pf. netto

Schrippen

99 Pressen à 3 Pfd. 100 g zu 65 Pf. bar. (2970 Schrippen).

Angenommen nun der Bäcker hätte 800 Konsumenten, die jährlich verzehren:

80 000 kg Roggenbrot (pro Kopf und Jahr 100 kg)

29 200 „ Weizenbrot (pro Kopf und Tag 2 Schrippen à 50 g),

so würde er eine Verkaufseinnahme haben von:

	29 832,12 Mk.
ab Ausgabe für Material . .	17 906,51 „
bleibt Bruttogewinn . . .	11 925,61 Mk.
ab allgemeine Unkosten . .	8 807,20 „
bleibt Reingewinn	3 118,41 Mk.

Das sind rund 11 % der Gesamtausgaben und stimmt ungefähr mit der durchschnittlich vom Bäcker erhofften Rente von 7—10 % überein (nach Angabe eines früheren Obermeisters einer der beiden Berliner Bäckerinnungen).

Die Annahme, die ich für den Brotumsatz gemacht habe, ist gewiß eine willkürliche, das Verhältnis zwischen Roggen= und Weizenbrot= verbrauch für den normalen Fall wahrscheinlich zu hoch für Roggenbrot, der Gewinn aus der Feinbäckerei ist nicht berücksichtigt, aber die Be= rechnung soll ja auch nur einen Anhalt geben für die Beurteilung der Preisbildung bei den beiden wichtigsten Brotarten.

Die Kalkulation ergab einen Reingewinn von rund 3000 Mk. im Jahr. Das ist ein Unternehmergewinn, wie er der sozialen Stellung des Kleinmeisters angemessen ist. In der obenstehenden Kalkulation sind die allgemeinen Unkosten ziemlich hoch angesetzt, wie mir ein alter, erfahrener Bäckermeister zugab. Berechnet man nun nach dem Beispiel die Spannung zwischen Mehl= und Brotpreis, so ergibt sich beim Roggen= brot eine solche von etwa 2 Pf., beim Weizenbrot von 13 Pf. pro Kilo= gramm. Diese Spannungen stehen aber stark zurück hinter den in den Tabellen aufgestellten. Nach den dort angegebenen Zahlen beträgt die Durchschnittsspannung: beim Roggenbrot 1890—1909 5,16 Pf., beim Weizenbrot 1891—1909 18,33 Pf. pro Kilogramm. Dies deutet darauf hin, daß die tatsächlichen Kalkulationen, wenigstens in den vom Statistischen Amt der Stadt erfaßten Fällen, recht stark das notwendige Maß des Gewinnes überschreiten, zum mindesten in den Jahren, wo die Spannung beim Weizenbrot 18—20, beim Roggenbrot 5—8 Pf. pro Kilogramm beträgt.

Daß die Spannungskurve im Laufe der Zeit gestiegen ist, ist natür= lich, weil die Produktionskosten, Löhne, Mieten usw. höhere geworden sind. Doch erscheint diese Erklärung nicht als zulänglich, und andere Gründe wiegen auch schwerer. Der Bäcker hält, um sich seinen Kundenkreis zu sichern, einen möglichst gleichmäßigen Preis, bäckt aber dafür seine Ware verschieden schwer aus. Bei solcher Preispolitik ist immer die Tendenz gegeben, den Preis hinaufzuschieben, mit einer Hinabsetzung aber mög= lichst lange zu zögern. Die Gewichtspolitik vergrößert und verschleiert so die wachsenden Aufschläge.

Der Hauptgrund für eine Verteuerung liegt in der Organisation des Bäckereigewerbes.

Die Organisation des Bäckereigewerbes.

Das Bäckereigewerbe wird in Berlin in der Hauptsache im hand= werksmäßigen Kleinbetriebe ausgeübt. Von den 1900—2000 Bäckermeistern sind etwa 1800 als Kleinmeister zu bezeichnen. Ein solcher Betrieb ver= einigt Bäckerei und Verkaufsstelle und wird von einem Meister geleitet, der oft noch selbst mitbäckt. Unter ihm arbeiten ein bis sechs Gesellen, im Laden verkauft die Frau. Der ganze Betrieb ist nicht schwer zu übersehen. Vor allen Dingen bieten sich bei Eroberung und Behauptung des Absatzes dem Kleinmeister vielfach günstigere Chancen, als dem Großunternehmer. Er kann den Kundenkreis auf seine Leistungsfähigkeit hin beurteilen und auf Kredit verkaufen, — er kann sich dem wechselnden Geschmacke des Publikums eher anpassen als der Großbetrieb, der seiner Natur nach auf die Herstellung von Massenware angewiesen ist. Endlich ist der kleine Bäcker in der Lage, seine Verkaufsstelle und die Kundschaft früh genug (besonders die Arbeiterbevölkerung, den für den Bäcker wichtigsten Großkonsumenten) mit frischem Brote zu versorgen.

Alle diese Gründe tragen wesentlich dazu bei, daß sich gerade in Berlin die kleinen Einzelmeister halten können. Viele von ihnen sind noch vom Vater her wirtschaftlich sichergestellt, oft sind sie Hausbesitzer. Doch locken die günstigen Aussichten auch viele an, sich selbständig zu machen, denen eine solche Vermögensgrundlage fehlt. Die Folge ist, daß das Gewerbe heute übersetzt ist. Ein sehr tüchtiger Bäcker sagte mir, daß man vor 30 Jahren etwa 1200 Konsumenten auf die Bäckerei rechnen konnte, vor 20 noch 1000, heute nur noch 800. Diese Übersetzung ruft einen scharfen Konkurrenzkampf hervor.

Von ihm ziemlich unberührt sind die Meister in sicherer Vermögenslage in guter Gegend, bei jahrzehntelanger Verbindung mit den Kunden. Hart bedrängt aber werden durch die Konkurrenz die neuen, kleinen Unternehmer, die sich erst ihren Absatz erobern müssen, z. B. in den neuerbauten Stadtteilen. Hier namentlich wächst die Zahl der Bäckereien über den Bedarf hinaus, die Kundschaft bleibt gering, der Bäcker gerät in Abhängigkeit vom Vermieter. Die hierdurch hochgeschraubten Produktionskosten machen den Gewinn illusorisch.

Je schwächer aber die Lage des kleinen Meisters ist, um so weniger vermag er den in Groß-Berlin hohen Anforderungen des Publikums zu genügen. Die Konsumenten verlangen, daß das Brot des Morgens ins Haus gebracht wird, sie wünschen Rabatt und Zugaben, sie wollen Auswahl in verschiedenen Arten von Roggenbrot haben. Unter solchen Umständen kann der kleine Betrieb, der nicht auf Vermögen beruht, nur bestehen, wenn er möglichst hohe Preise zu halten sucht, eine niedrige Kalkulation ist für ihn falsch und führt sehr bald seinen Ruin herbei. Namentlich die letzte der oben genannten Forderungen (verschiedener Roggenbrote) ist für ihn schwer erfüllbar, denn an diesem Brote wird nur wenig verdient, und nur ein großer Absatz macht die Produktion desselben rentabel. Den größten Gewinn wirft immer das feinere Gebäck ab, und neuerdings kann man daher eine mehr und mehr hervortretende Spezialisierung beobachten. Der kleine Bäcker verlegt sich auf die Herstellung von feinem Gebäck, auf die Verfertigung von Spezialitäten. Er bezieht dabei das grobe Brot vom Großbetrieb, der allein auf diesem Gebiete erfolgreich sein kann. Vielleicht ist damit der Anfang einer großen Arbeitsteilung gegeben. Zunächst entwickelt sich der Großbetrieb in Berlin aber aus den oben angeführten Gründen noch langsam.

Der Bäckereigroßbetrieb läßt sich heute folgendermaßen definieren. Der Meister leitet nur. Er hält mehr als acht Gesellen. Der Betrieb hat Knet- und Preßmaschinen, er hat mehrere Backöfen mit maschinell betriebenen Einschiebevorrichtungen, auf die mehrere Gesellen gleichzeitig Brot auflegen können. Der Verkauf ist von der Bäckerei ganz getrennt, er findet, soweit der Betrieb selbst direkt in den Konsum abgibt, in Filialgeschäften statt. Das System ist dabei ein verschiedenes. Die Filialen liegen entweder über die ganze Stadt zerstreut, oder kreisförmig um die Produktionsstelle. Im einen, wie im anderen Falle macht der Absatz Schwierigkeiten. Ein Großunternehmer sagte mir, die Beaufsichtigung der Filialen wäre so schwierig, daß er jährlich für Unredlichkeit und Irrtum in den Verkaufsstellen 5 % vom Reingewinn abrechnen müsse.

Die Großproduktion als solche bietet dagegen Vorteile. Es wird mit Tag- und Nachtschicht gearbeitet, es findet eine größere Arbeitsteilung statt. Der Bezug der Rohstoffe ist billiger, die Ausnutzung besser, z. B. bei den Kohlen. Aber technisch ist der Großbetrieb doch nur ein multiplizierter Kleinbetrieb, alle Maschinen und Einrichtungen kann z. B. auch letzterer in gleicher Weise ausnutzen, nur daß natürlich die Abmessungen geringere sind. Auch können sich die kleinen Bäcker den Rohstoffbezug durch Zusammenschluß zu Einkaufsgenossenschaften verbilligen.

An Großbetrieben gibt es in Berlin etwa 10 mit über 20 Gesellen, etwa 90 mit 8—20 Gesellen, zwei ganz große Betriebe verbinden mit der Bäckerei auch Mühlen. Zwischen die größeren Unternehmungen und die kleinen Meister schieben sich einige Bäckereigenossenschaften.

Keineswegs beschränkt sich der Großbetrieb nur auf die Herstellung von Roggenbrot, sondern bäckt auch Schrippen, Knüppel und selbst Kuchenware. Dabei kann er sich aber dem wechselnden und verfeinerten Geschmack des Großstädters nicht so anpassen, wie der kleine Bäcker, der sich spezialisiert, und doch muß dieser auch wieder, um den Forderungen eines festen Kundenkreises ganz genügen zu können, grobes Brot backen. Daraus erhellt die merkwürdige Erscheinung, daß die auf ganz andere

Produktionsarten angewiesenen Betriebe, sich auf Gebieten betätigen, die nicht die rentabelsten für sie sind. Die Vorteile, die eine reine Arbeitsteilung bieten würde, werden nicht ausgenutzt. Solange daher eine solche nicht eingetreten ist, wird die jetzt bestehende Organisation des Bäckereigewerbes einen wesentlichen Grund dafür abgeben, daß eine erhebliche Verbilligung des Brotes nicht eintreten kann.

Die Milch.
Allgemeines.

Die Milch wird noch lange nicht ihrer Bedeutung für die Ernährung entsprechend konsumiert. Die Ausgaben für sie nehmen im Haushalte des Minderbemittelten unter dem Nahrungsaufwand die dritte Stelle ein, sie betragen in Geld etwa 70—110 Mk., eine Summe, die einen Konsum von 400—500 Liter im Jahre gestattet. Das ist, wenn auch nur zwei Kinder vorhanden sind, sehr wenig. Es ist durch Mitteilungen von Schulärzten in Groß-Berlin bekannt geworden, ein wie großer Teil von Kindern (10%) namentlich des Morgens noch ganz mangelhaft ernährt wird. Man hat neuerdings mehr und mehr durch charitative Milchausteilung an besonders schlecht genährte Kinder in einigen Volksschulen diesem Übelstande abzuhelfen gesucht. Mit gutem Erfolge: die Mehrzahl der Kinder nahm in verhältnismäßig kurzer Zeit beträchtlich an Gewicht zu. Auch erhalten auf dem Wege der Wohltat Mütter mit Säuglingen gute Milch unentgeltlich verabreicht. Alle diese Notbehelfe zeigen nur zu deutlich, wie unzureichend der Milchverbrauch in den minderbemittelten Schichten ist. Das gleiche Resultat ergibt schließlich auch die Beobachtung, daß der Prokopfkonsum in Groß-Berlin während der letzten 30 Jahre ein ziemlich beständiger gewesen ist, wie mir der Geschäftsführer einer großen Firma angab, hat er sich in dieser ganzen Zeit nicht über 0,31—0,35 Liter hinausbewegt.

Preisbewegung.

Die Milch ist dem Nährwerte nach im Verhältnis zu anderen Lebensmitteln nicht teuer (cf. Flügge, Grundriß der Hygiene, Leipzig 1908, Seite 188 und 195), aber sie belastet das kleine Budget doch sehr stark, wenn sie in ausreichender Menge verzehrt werden soll. Ein Arbeiter mit zwei kleinen Kindern, die täglich je einen Liter Milch bekommen sollen, müßte allein für diesen Posten im Jahr 146 Mk. ausgeben (Liter 20 Pf.).

Aus dieser Überlegung erhellt die Bedeutung der Preisbewegung der Milch für den Arbeiterhaushalt.

Tabelle der Milchpreise.

Bolle: 1 Liter Vollmilch frei Wagen in Pfennigen (nach Mitteilung der Firma).	1 Liter Vollmilch nach Stat. Jahrbüchern der Stadt Berlin in Pfennigen.	Bolle: 1 Liter Vollmilch frei Wagen in Pfennigen (nach Mitteilung der Firma).
1881 . . —	19,8	1896 . . 18
1882 . . 16[1]	20	1897 . . 18
1883 . . 16[2]	20	1898 . . 18
1884 . . 18	20	1899 . . 18
1885 . . 18	20,1	1900 . . 18
1886 . . 18	20,1	1901 . . 18
1887 . . 18	20,1	1902 . . 18
1888 . . 18	21	1903 . . 18
1889 . . 19	20	1904 . . 18
1890 . . 20	—	1905 . . 18
1891 . . 20	—	1906 . 18—20
1892 . . 20	—	1907 . . 22
1893 . . 20	—	1908 . . 22
1894 . . 20	—	1909 . . 22
1895 . . 18	—	1910 . . 22

[1] Ende des Jahres 18 Pf. [2] Januar und Februar 18 Pf.

Während der 30 Jahre hat der Preis für den Liter Vollmilch (ab Laden oder Wagen) sich zwischen 18 und 22 Pf. bewegt, von Jahr zu Jahr aber höchstens um 2—2,5 Pf. geschwankt. Er hat sich meist jahrelang auf der gleichen Höhe gehalten, und ist im ganzen bis 1906 derselbe gewesen, ausgenommen eine Teuerungsperiode in der ersten Hälfte der 90 er Jahre. 1906 ist dann der Preis gestiegen und erreichte 1907 den Höchststand des ganzen Zeitraums, auf dieser Höhe hat er sich gehalten.

Ein Fallen der Milchpreise ist jetzt nicht zu erwarten, eher muß man beim Eintreten einer schlechten Futtermittelernte mit einem Steigen rechnen, wie das Jahr 1911 zeigt.

Milchhandel.

Die Versorgung Berlins mit frischer Milch erfolgt heute einmal durch größere Händler (170—180 Milchpächter), die die Milch ganzer Ortschaften oder Güter meist auf ein Jahr pachten, an bestimmten

Punkten sammeln, kühlen und Berlin durch die Eisenbahn zuführen, — dann durch außerhalb wohnende Produzenten, die mit eigenem Fuhrwerk die Milch zur Stadt bringen, — endlich durch Kuhhaltungen in der Stadt und den Vororten mit zusammen 17 000 bis 18 000 Kühen (1909). Auf diesen Wegen werden täglich dem Groß-Berliner Konsum etwa eine Million Liter zugeführt. Die Produktionsstellen waren früher nicht über 100 km von Berlin entfernt, seit ungefähr zehn Jahren hat sich diese Grenze mehr und mehr, bis auf 300 km hinausgeschoben und zugleich ist in steigendem Maße die dänische Produktion für den Berliner Konsum herangezogen worden. Man hat neuerdings auch versucht, die Milch abgelegener Orte durch Automobile nach der Hauptstadt zu bringen, zunächst aber noch keine Erfolge hiermit erzielt.

Eine weitere Ausdehnung und Erschließung des Produktionsgebietes, auch eine Steigerung der Einfuhr, für die eigentlich nur Dänemark in Betracht kommt, ist günstig zu beurteilen, sofern nur die Güte der Milch durch den Transport nicht leidet. Denn es ist zu hoffen, daß die verschärfte Konkurrenz den Einkaufspreis und damit schließlich auch den Verkaufspreis der Milch senken werde. — Um ersteren geht der Kampf. Die einen, namentlich die märkischen Produzenten, verlangen als Grundlage des Einkaufspreises ihre Produktionskosten und behaupten, daß die Milchproduktion bei den heutigen Preisen sich nicht rentiere. Die anderen, z. B. die Milchaufkäufer wollen den Butterpreis zugrunde legen. Sie sagen, der Liter Milch dürfe im Einkauf nicht mehr kosten, als er sich nach Berechnung aus dem Buttermarktpreis stellt. Danach aber seien die Preise zu hoch. Der Butterpreis wird jedoch schon durch Weltmarktverhältnisse beeinflußt und gründet sich also auf eine Milchproduktion, die unter Umständen billiger ist als die heimische, aber zur Versorgung Berlins wegen der großen Entfernung nicht herangezogen werden kann (man denke an Sibirien). Was den ersten Punkt anlangt, so hat Funck 57 Bauerngüter im Havelland untersucht. (Funck, Siegfried, die landwirtschaftlichen Betriebsverhältnisse der bäuerlichen Milchwirtschaften im Havelland, Berlin 1909.) Von ihnen waren 23 reine Abmelkwirtschaften, und nur sechs von diesen warfen einen kleinen Gewinn aus der Milchproduktion ab. Funck führt diesen Mißstand darauf zurück, daß die Bauern keine geordnete Buchführung haben und sich daher über ihre Produktionsverhältnisse täuschen. Die reine Abmelkwirtschaft rentiert sich nicht, wohl aber, wie Funck nachweist, die zweckmäßig in den Gutsbetrieb eingepaßte Milchproduktion, z. B. der Zuchtwirtschaften[1].

---

[1] So auch Dettweiler, „Die Aufzucht des Rindes", Berlin 1908, Seite 36.

Das Gebiet, aus dem Milch für den Berliner Konsum herangezogen wird, läßt sich auch nicht so weit ausdehnen, daß eine Überschwemmung mit Milch zu befürchten wäre. Für die Marktproduktion von frischer Milch wird es immer eine nicht sehr ferne Gebietsgrenze geben, und damit ist auch die Rentabilität der Milchproduktion der näheren Umgebung gesichert, weil sie geringere Transportkosten hat. Der Milchpreis wird unter die richtig aufgestellten Produktionskosten märkischer Produzenten schwerlich sinken können [1].

Der Absatz an den Konsum erfolgt:

1. Durch Großbetriebe. Sie decken etwa ein Fünftel des täglichen Konsums, davon die Großmeierei Bolle allein 60—70%. Bolle ist der erste Großbetrieb im Milchverkauf gewesen. Die Meierei wurde 1881 gegründet und hat sich seitdem ständig vergrößert. Der Milchumsatz betrug z. B. 1882 7 817 205 Liter, 1909 44 316 701 Liter. Der Verkauf erfolgt von Wagen aus, die täglich bestimmte Bezirke abfahren.

2. Durch eine große Zahl von kleinen Milchgeschäften (in Berlin rund 2560), die durch Händler versorgt werden, oder durch Verkaufsstellen von Produzenten.

Als erste Forderung ist an den Verkauf zu stellen, daß er gesunde und vollwichtige Milch an die Konsumenten gibt. Dazu ist aber nur ein Betrieb imstande, der auf breiter Grundlage aufgebaut ist. Er hat Maschinen und Einrichtungen nötig, durch die die Milch von schädlichen Bakterien befreit wird, er muß eine weitgehende Aufsicht durch Tierärzte an den Sammelstellen und über die Kühe der Produzenten ausüben können, er muß also von der Produktion selbst aufkaufen. Die beste Form für den Milchvertrieb einer solchen Riesenstadt wie Berlin ist demnach der Großbetrieb [2].

Wie schnell die Großbetriebe in Berlin sich ihr Absatzgebiet erobert haben, zeigt das Wachstum der Meierei Bolle. Wenn infolge dieser Entwicklung die Zahl der kleinen Milchgeschäfte zurückgeht, so ist das nicht zu beklagen, denn wirklich selbständige Existenzen werden damit nicht vernichtet. Solche kleine Unternehmungen stehen wirtschaftlich nicht auf sehr festen Füßen. Sie verlangen die Mitbetätigung einer ganzen Familie, ohne daß der Reingewinn ein den Arbeitskräften entsprechender

---

[1] Vergleiche auch „Veröffentlichungen des Königl. Preuß. Landesökonomiekollegiums", Heft 3, Berlin 1910, S. 32.

[2] Vergleiche hierzu und zum folgenden: Arnold, „Zur Frage der Milchversorgung der Städte", Jena 1911, Seite 607 ff.

sein kann. Die Gefahr, daß hier gepanscht wird, ist stets vorhanden, zumal wenn die Konjunktur eine ungünstige wird, und der Preis aus Konkurrenzgründen nicht hinaufgesetzt werden kann. Oder es wird der Milchverkauf zur Nebensache, und das entspricht nicht der Bedeutung der Milch als Nahrungsmittel und der Sorgfalt, die auf sie verwendet werden muß. Das kleine Milchgeschäft kann auf die Produktion gar keinen Einfluß haben, es bedarf des Zwischenhandels, von dessen Leistungsfähigkeit und Preisbildung es abhängig ist, und der natürlich auch verteuernd wirkt. Aus allen angeführten Gründen halte ich die weitere Entwicklung einer derartigen Arbeitsteilung weder für notwendig noch für wünschenswert. Allerdings sind kleine Milchausgabestellen ein Bedürfnis des Publikums, aber sie würden ihre Aufgabe als Filialen von Großbetrieben oder Produzenten zweckmäßiger erfüllen, zumal die Forderung gestellt werden sollte, daß Milch nur im reinen Milchgeschäft verkauft werden darf. Die Entwicklung zu Großbetrieben würde durch Verschärfung der Bestimmungen für den Milchverkauf unterstützt werden. Anderseits liegt die Gefahr vor, daß ein Riesenbetrieb oder ein Milchkartell schließlich den Berliner Markt beherrscht. Einem solchen Monopole könnte die Spitze genommen werden, wenn der Betrieb des Milchgeschäftes der Konzession bedarf und an die Bestimmung gebunden wird, daß die Kommune den Maximalpreis zu genehmigen hat.

Zunächst ist aber an die Bildung eines Kartells gar nicht zu denken, denn ganz abgesehen davon, daß der Absatz der Großbetriebe zusammengenommen zu einer Machtentfaltung noch zu gering ist, sind sie im einzelnen zu verschiedenartig aufgebaut, um ihre Vereinigung wahrscheinlich zu machen; die einen ruhen auf privater Grundlage und gehen vom Verkauf aus (Bolle), die anderen sind genossenschaftlich von Produzenten organisiert (so die Interessengemeinschaft märkischer Milchproduzenten). Heute verliert ein Großbetrieb, der seine Preise hinaufsetzt, sofort einen großen Teil seines Absatzes.

Die übrigen Lebensmittel.

Die übrigen Lebensmittel belegen von den Nahrungsmittelausgaben des Arbeiters etwa 30—35 %. Die meisten von ihnen, hauptsächlich mit Ausnahme von Kartoffeln und Eiern (5—8 % der Nahrungsausgabe), haben entweder gute Surrogate oder sind in reicher Auswahl der Arten vorhanden, so daß die geschickte Hausfrau Preisbewegung und Haushalt immer wird

Die Verteuerung der Lebensmittel in Berlin im Laufe der letzten 30 Jahre.

Tabelle von Preisbewegungen.

Jahr	Kartoffeln				Gemüse			Butter		Eier		
	Kgl. Stat. Bureau. Mittelpreise. 100 kg in Pf.	Stat. Jahrbuch des Reichs. Marktpreis.	Statist. Amt der Stadt. Markthallendurchschnitt. 100 kg	Stat. Amt der Stadt. 1 kg	Polizei-Präsidium. höchsten und niedrigsten Preisen. Mohrrüben 5 Liter	Kohlrüben 1 Mandel	Mittel aus Savoyerkohl 1 Mandel	Pol.-Präsid. Durchschn.-Marktpreis 1 kg in Pf.	Stat. Amt der Stadt. Kleinhandel in Markthalle. Durchschn. b. Mittelpr.	Pol.-Präsid. Schock Durchschn. Marktpreise	St. Amt b. Stadt. Schock Landeier. Zentralmarkt. Mittel a. höchst. u. nied. Preisen im Monatsdurchschn.	Stück
1881	460	—	—	—	32,5	83,6	200	228	—	331	—	—
1882	645	—	—	—	26	88	150	231	—	316	—	—
1883	495	—	—	—	27	108	144	232	—	318	—	—
1884	600	—	—	—	30	94	154	234	—	314	—	—
1885	440	439	—	—	25	92,5	142	229	—	312	—	—
1886	510	510	—	—	28	89	144	230	—	306	—	—
1887	520	518	—	—	21	92	140	228	—	287	—	—
1888	477	475	—	—	38	99	155	226	—	332	—	—
1889	465	470	—	—	48	106	210	229	—	342	278	7
1890	—	740	—	—	42	120	209	231	—	363	308	7
1891	—	650	—	—	47	129	205	234	—	353	311	7
1892	—	515	—	—	41	118	226	235	—	352	275	—
1893	—	480	567	—	42	135	177	236	—	369	268	6
1894	—	500	578	—	45	139	177	234	—	349	283	6
1895	—	495	490	—	45	120	206	229	—	343	340	6
1896	—	—	584	—	51	118	238	230	—	329	350	6
1897	—	470	573	—	45	118	234	228	—	332	360	7
1898	—	451	519	—	39	115	217	224	230	342	344	7
1899	—	494	596	—	54	127	256	238	236	347	—	6
1900	—	514	601	—	51	120	272	233	234	355	344	7
1901	—	450	529	—	51	133	258	230,3	229	358	328	7
1902	—	493	579	—	51	135	272	231	226	362	315	7
1903	—	644	722	—	60	147	293	234	228	358	362	7
1904	—	605	692	6	63	169	252	247	224	351	364	7
1905	—	429	—	7	48	174	275	250	230	391	399	7
1906	—	588	—	8	54	149	307	247	234	385	—	7
1907	—	616	—	7	—	161	—	—	232	398	—	7
1908	—	—	—	6	—	—	—	—	230	Stat. Jahrb. f. Preußen 451	—	7
1909	—	—	—	—	—	—	—	—	260	—	—	8
1910	—	—	—	—	—	—	—	—	266	—	—	8

balancieren können. Ihre Preisbewegung ist daher auch für den Minderbemittelten nicht von so großer Bedeutung, wie die der oben behandelten Lebensmittel. Sie soll im folgenden aus diesem Grunde nur in großen Zügen dargestellt werden.

Kartoffeln.

Die Kartoffel fehlt auf keinem Tische, sie spielt im Arbeiterhaushalt ihrer Quantität nach eine große Rolle. Auf 400—500 kg pro Jahr wird man den Konsum mindestens ansetzen müssen, dem Geldwerte nach auf rund 30 Mk. Die Preise sind im ganzen gestiegen, wie die Jahrzehntdurchschnitte zeigen.

Es kosteten 100 kg im Kleinhandel:

    1882—1889 . . . 5,18 Mk. = 100
    1890—1899 . . . 5,27 „ = 102
    1900—1909 . . . 5,37 „ = 104

Sie haben zwischen 4,29—7,40 Mk. pro 100 kg Durchschnittsware geschwankt, von Jahr zu Jahr hat die Spannung der Jahrespreise aber über 1 Pf. pro Kilogramm nur in ganz schlechten Erntejahren betragen. 1890/91 betrug sie 2,7 Pf., 1903/04 1,5 Pf., das sind Mehrbelastungen des Haushaltes von etwa 8—14 Mk., die um so schwerer ins Gewicht fallen, als eine schlechte Kartoffelernte in den folgenden Jahren eine Fleischteuerung nach sich zieht.

Der Konsum ist fast ganz auf die heimische Landwirtschaft angewiesen, denn die 100—200 000 t Nettoeinfuhr der letzten Jahre bilden noch nicht 1 % des heimischen Konsums. Unsere Produktion deckt in guten Jahren auch mehr als den Bedarf, so daß man anfängt durch Kartoffeltrocknung für schlechte Jahre Futtermittelreserven zurückzulegen. Man hofft so eine größere Stabilität der Preise für Schweinefleisch zu erreichen.

Gemüse und Obst.

Die Ausgaben für Obst und Gemüse schwanken im bessergestellten Arbeiterhaushalte (1907) zwischen 50 bis 70 Mark. Damit läßt sich bei richtiger Einteilung und zeitgemäßem Einkauf schon auskommen. 1907 erhielt man für 40 Mk. 120 Liter Mohrrüben, 6 Mandeln Kohlrüben und 6 Mandeln Savoyerkohl (berechnet nach dem Durchschnitt der Preisangaben des Polizei-Präsidiums), das ist so viel, daß in einer Familie von vier Personen viermal in der Woche ein reichliches Gemüsegericht gegeben werden kann.

Die Preise sind im ganzen gestiegen. Es kosteten im Durchschnitt der höchsten und niedrigsten Preise der Jahrzehnte:

	5 Liter Mohrrüben	1 Mandel Kohlrüben	1 Mandel Savoyerkohl
1881—1889	30,6 Pf.	94,7 Pf.	159,9 Pf.
1890—1899	45,1 „	123,9 „	214,5 „
1900—1907	53,6 „	148,5 „	275,9 „

Der Durchschnitt ist ein roher, da der Abstand zwischen höchsten und niedrigsten Preisen beim Gemüse sehr groß ist, und ebenso auch der Preisunterschied der Jahreszeit. In dieser Stärke hat die Verteuerung also den kleinen Haushalt nicht getroffen. Immerhin ist hier jede Steigerung zu bedauern, denn der Gemüsekonsum müßte ein viel größerer sein. Man kann beim Durchsehen der Haushaltungslisten oft beobachten, daß der Prozentanteil der Gemüseausgaben bei niedrigeren Einnahmen fällt, während er bei Kartoffeln steigt; für den Armen wird das Gemüse Luxusnahrungsmittel. Ein Billigerwerden ließe sich für eine solche Riesenstadt wie Berlin erreichen, wenn an der weiteren Peripherie größere Gemüsepflanzungen entständen, die entweder direkt am Wochenmarkte oder an die Kleinverkäufer — die rund 3700 Grünkramhändler Groß-Berlins — absetzten. Bis jetzt haben solche Versuche im Kampfe gegen den Zwischenhandel an der Zentralmarkthalle nach mündlichen Darlegungen eines Großproduzenten noch nicht durchgeschlagen. — Eine weitere Erleichterung des Gemüsekonsums wäre es, wenn den Arbeitern die Laubenkolonien erhalten blieben. Viele ziehen einen erheblichen Nutzen für ihre Ernährung aus ihrem Stückchen Pachtland, ganz abgesehen von allen anderen Vorzügen dieser Einrichtung. Es könnte sehr wohl auch eine Aufgabe des Zweckverbandes für Groß-Berlin werden, derartige billige Pachtstellen den Minderbemittelten sicher vorzubehalten.

Der Konsum an Obst und Südfrüchten in Berlin hat zugenommen, das ist eine augenscheinliche und sehr erfreuliche Tatsache. Daß auch der Arbeiter daran teilgenommen hat, scheint mir aus dem Vergleich der Ausgaben für Obst aus den vorliegenden Haushaltungslisten 1903 und 1907 hervorzugehen. Nach ihnen betrug der Promille-Anteil an den Gesamtausgaben 1903 7,6, 1907 16; allerdings ist dabei zu berücksichtigen, daß die Listen von 1903 größtenteils auf Schätzungen beruhen, und dabei die oft nur gelegentliche Ausgabe für Obst häufig unterschätzt worden sein kann. Der Prokopfverbrauch an Südfrüchten allein stieg im Reiche 1881/85—1901/05—1908 von 0,75 kg—2,54 kg—3,07 kg (Stat. Jahrb. d. Reichs), das ist natürlich nur möglich, wenn auch die unteren Schichten der Bevölkerung sich steigend am Konsum beteiligen. Großen Anteil an der Einfuhr von Südfrüchten hat heute die Banane; die Einfuhr stieg von 7371 t 1908 auf 25 552 t 1910. Man kann von ihr jetzt beinahe sagen, daß sie ein Volksgenußmittel Berlins geworden ist. In Zukunft werden hoffentlich auch unsere Kolonien diese gesunde Frucht dem heimischen Markte zuführen können. Die natürlichen Bedingungen sind namentlich in Kamerun sehr günstige, es fehlt nur noch die Organisation zur Lieferung marktfähiger Ware.

Butter und Fettwaren.

Die Ausgaben für Butter, Fettwaren und Käse nehmen im Haushalte des Minderbemittelten einen recht breiten Raum ein. Zusammen sind für sie jährlich 100—130 Mk. anzusetzen, oder 12—14% der Nahrungsausgaben.

Die Butter ist unter ihnen das vornehmste Lebensmittel, ein stärkerer Butterverbrauch kann als ein Zeichen erhöhter Lebensführung angesehen werden. Sie ist immer verhältnismäßig sehr teuer gewesen, aber ihre Preisbewegung war bis 1904 im ganzen eine ruhige. Der Preis schwankte bis dahin pro Kilogramm Durchschnittsware zwischen 2,26 bis 2,38 Mk., der Unterschied des Jahresdurchschnittspreises von Jahr zu Jahr betrug höchstens 6—7 Pf. pro Kilogramm. Seit 1904 ist aber der Preis mit starken Sätzen bis 1910 von 2,36 Mk. auf 2,66 Mk. pro Kilogramm gestiegen. Der Grund ist, abgesehen von der allgemeinen Steigerung der Lebensmittel, in der letzten Jahrzehnthälfte, vor allem in den Mißernten an Wiesenheu 1904 und 1909, und in der mäßigen Ernte 1907 zu suchen. Gemildert wird die Preisbewegung durch den Einfluß des Weltmarktes, denn wir haben eine starke Einfuhr von Butter aus Dänemark, den Niederlanden und Rußland, sogar aus Russisch-Asien, aber die heimische Produktion gibt doch noch den Ausschlag. Die Steigerung des Butterpreises, der im letzten Jahrzehntdurchschnitt um 13 Pf. pro Kilogramm höher steht, als in den beiden vorausgegangenen, ist sehr empfindlich für den kleinen Haushalt. Denn wenn auch die Butter nicht gerade unentbehrlich ist, so ersetzen die Surrogate sie doch nur unvollkommen. Beim Braten übertreffen verschiedene Arten von Pflanzenbutter, die in den letzten Jahren mehr und mehr in Aufnahme gekommen sind, die Butter, kommen ihr beim frischen Genuß jedoch niemals gleich. Auch das Schweineschmalz kann diesen Ersatz nicht leisten, zudem ist sein

Die Verteuerung der Lebensmittel in Berlin im Laufe der letzten 30 Jahre. 41

Preis im letzten Jahrzehnt ebenfalls sehr gestiegen. Seit 1898 hat die Steigerung des Schmalzpreises fast ununterbrochen angehalten (Rückgang nur 1904/05), von 57 Pf. für das Pfund 1898 auf 87 Pf. 1910. (Kleinhandel im Durchschnitt der Markthallen nach dem Statistischen Amt der Stadt.)

Ein ganz vorzügliches, dabei billiges Nahrungsmittel ist der aus Magermilch hergestellte Quarkkäse, den jede Hausfrau selbst zubereiten kann. Er ist namentlich für die Ernährung der Kinder geeignet, auch zum Frühstücksbrot für den Mann. Aber da er so gut wie ohne Fettgehalt ist, bedarf es immer der Zugabe von Butter. Ganz den Buttergenuß aufzugeben, schließt ein Zurückgehen der Lebenshaltung in sich und wird auch als solches empfunden.

Eier.

Das Ei spielt nach den durchschnittlichen Ausgaben als Nahrungsmittel nur eine untergeordnete Rolle im Arbeiterhaushalte. Es sind für Eier im ganzen Jahre 25—35 Mk. im Durchschnitt ausgegeben worden, das ergibt 300—600 Stück, oder bei einer vierköpfigen Familie pro Kopf und Woche nur 1—2 Stück. Wie begehrt dabei die Eier sind, läßt sich daraus ersehen, daß bei wachsender Ausgabefähigkeit der Verbrauch sogleich zu steigen pflegt, wie notwendig: daraus, daß es auch aus dem niedrigsten Etat nicht verschwindet.

Der Preis pro Schock ist im großen und ganzen während der drei Jahrzehnte aufwärts gerichtet gewesen. Besonders stark ist die Steigerung 1904 zu 1905. Im Stückverkauf, der ja für den Minderbemittelten allein in Frage kommt, kostet das Ei im letzten Jahrzehnt rund einen Pfennig mehr, als im vorausgegangenen.

Kolonialwaren.

Für Kolonialwaren werden 6—8 % der Nahrungsausgabe verausgabt. Von der Fülle der zu ihnen gehörenden Nahrungs- und Genußmittel und Gewürze greife ich als die wesentlichsten Zucker, Reis und Kaffee heraus.

Zucker.

Der Zuckerpreis ist bei unserer kräftig anschwellenden Produktion im Laufe der 30 Jahre fast ständig gefallen, besonders stark, als 1903 die Zuckersteuer von 20 Mk. auf 14 Mk. pro 100 kg herabgesetzt wurde. Dementsprechend ist der Konsum pro Kopf der deutschen Bevölkerung gestiegen von 14,4 kg 1904/05, auf 17,6 kg 1908/09 (Stat. Jahrb. d

Reichs 1910). Das ist in doppelter Beziehung eine sehr erfreuliche Erscheinung, denn einmal ist Zucker ein sehr gesundes Nahrungsmittel, dann aber kommt eine Steigerung der Nachfrage fast ausschließlich unserer eigenen Landwirtschaft zugute. Diese produziert bekanntlich weit über den heimischen Bedarf. Bei der wachsenden Konkurrenz des Auslandes wird aber der Absatz erschwert. Dem könnte eine Aufhebung der Zuckersteuer abhelfen, weil sie den Verbrauch steigern würde.

Reis.

Der Preis für Reis ist auch etwas zurückgegangen. Seit 1898 kostet das Kilogramm Javareis 1 mit geringen Schwankungen 60 Pf., während der Preis Ende der 80er und Anfang der 90er Jahre zwischen 65—71 Pf. (1889) schwankte, 1894 dagegen unter 60 Pf. gestanden hat. Billigere Sorten, wie Rangoon kosten nur 40 Pf. bei ungefähr derselben Preisbewegung. Sie spielt keine Rolle im Arbeiterhaushalte, da der Konsum ein geringer ist.

Kaffee.

Der Kaffee ist das wichtigste Genußmittel in allen Bevölkerungsschichten Deutschlands geworden. Ihn entbehren zu müssen, würde bis in den einfachsten Haushalt hinein schmerzlich empfunden werden. Seine Preisbewegung hat also ein großes Interesse, denn wenn es auch viele billige Surrogate gibt, wirklich ersetzt wird der reine Kaffee doch durch keines.

Beim Kaffee sind wir auf die Einfuhr aus dem Auslande angewiesen, denn von unseren Kolonien liefert nur Ostafrika einiges (1909 421 t), und wahrscheinlich wird diese Produktion auch nicht viel größer werden. Die Masse des Kaffees wird in Brasilien erzeugt. Hier nun versucht man von seiten des Staates Sao Paolo durch eine Valorisation die Kaffeepreise hoch zu treiben. Der Staat kauft die Überproduktion auf und gibt diese staatlichen Reserven erst bei günstiger Lage des Weltmarktes ab. Außerdem wird die Ausfuhr, die eine bestimmte Menge (1910/11 10 000 000 Sack) übersteigt, mit einem Zuschlag zum Ausfuhrzoll belegt.

Die Gefahr einer Verteuerung des Kaffees liegt in der Valorisation, denn der Staat Sao Paolo liefert allein etwa 50—60 % der Weltproduktion. Der Preis für das Kilogramm ist in Berlin 1909/10 um 20—40 Pf. gestiegen (Preisverzeichnis der Konsumgenossenschaft Berlin und Umgebung 1909/10), aber diese Steigerung ist sehr wesentlich auf die Erhöhung des Kaffeezolles von 40 auf 60 Mk. pro Doppelzentner rohen, und auf 85 Mk. pro Doppelzentner gebrannten Kaffees zurückzuführen, außerdem aber sind die Ernten seit 1907 nur geringe gewesen. Ob die Valorisation künftig noch eine weitere Preissteigerung veranlassen wird, erscheint fraglich, denn einmal soll die Produktion Brasiliens noch nicht ihren Höhepunkt erreicht haben, dann aber würde sich die Nachfrage bei einer weiteren Steigerung des Preises doch mehr den billigen Surrogaten zuwenden, wie sich aus dem vermehrten Angebot solcher in letzter Zeit schließen läßt. Die Mehrbelastung des Budgets ist ja selbst bei 40 Pf. Steigerung pro Kilogramm keine große (bei 10 kg Jahresverbrauch 4 Mk.), aber sie tritt doch, da man Kaffee in größerer Quantität zu kaufen pflegt, empfindlicher in die Erscheinung.

Zweiter Abschnitt.
Die Bewegung der Lebensmittelpreise im ganzen.

Um die Bewegung der Lebensmittelpreise im ganzen nach ihrer Bedeutung für den Arbeiterhaushalt darzulegen, habe ich bestimmte Quantitäten der wichtigsten Lebensmittel zusammengestellt, sie durch die 30 Jahre mit den Jahresdurchschnittspreisen multipliziert und die so gewonnenen Zahlen summiert. Als Anhalt für die Mengen dienten die Berechnungen des Reichsarbeitsblattes und der Metallarbeitergewerkschaft nach den von ihnen herausgegebenen Haushaltungsrechnungen, sowie eigene Überlegungen und Erfahrungen. Zugrunde gelegt wurde der Bedarf einer Familie von vier Köpfen. Die Verbrauchsmengen,

Tabelle der jährlich für die wichtigeren

	Gewicht	1881	1882	1883	1884	1885	1886	1887	1888	1889	1890	1891	1892	1893
1. Schweinefleisch	50 kg	60	61	61	60	61	61	60	58	65	72	68	69	66
2. Rindfleisch	30 kg	36	36	35	35	35	35	33	33	34	38	39	38	38
3. Hammelfleisch	10 kg	12	12	12	12	12	12	11	11	11	13	13	13	12
4. Sped	20 kg	32	32	32	32	29	28	27	28	30	33	31	30	31
I. Fleisch Summe 1 bis 4		140	141	140	139	137	136	131	130	140	156	151	150	147
5. Roggenbrot	500 kg	120	120	115	113	110	104	103	106	124	136	159	148	109
6. Weizenbrot	50 kg	24	23	23	23	23	23	23	23	25	30	31	22	19
II. Brot Summe 5 bis 6		144	143	138	136	133	127	126	129	149	166	190	170	128
7. Butter	30 kg	68	69	70	70	69	69	68	68	69	69	70	71	71
8. Schmalz	30 kg	48	51	54	54	47	51	39	39	40	43	35	39	46
9. Kartoffeln	500 kg	29	21	32	25	24	22	26	26	24	24	37	33	26
10. Milch	400 Lt.	79	80	80	72	72	72	72	72	76	80	80	80	80
11. Eier	400 St.	24	24	24	24	24	20	20	24	24	28	28	28	28
12. Kaffee	10 kg	24	22	18	20	20	23	24	24	27	28	29	29	28
13. Zucker	50 kg	48	48	48	43	38	40	36	37	38	35	36	36	33
14. Weizenmehl	10 kg	4	3	3	3	3	3	3	4	4	4	4	4	3
15. Reis	10 kg	6	6	6	6	7	7	7	7	7	6	7	6	6
III. Summe 7—15		330	324	335	317	304	307	295	301	309	317	326	326	321
I—III Summe		614	608	613	592	574	570	552	560	598	639	667	646	596
relativ		100	99,1	99,92	96,5	93,56	92,91	89,98	91,28	94,47	104,16	108,72	105,3	97,15
Jahrzehntdurchschnitt						587 = 100								
relativ zu 1881—89		—	—	—	—	—	—	—	—	—	—	—	—	—

Die Verteuerung der Lebensmittel in Berlin im Laufe der letzten 30 Jahre.

namentlich auch für Fleisch wurden so niedrig angesetzt, daß eine Bedürfnisänderung im Laufe der 30 Jahre kaum in Frage kommen kann.

Mengenaufstellung:

	pro Jahr u. Familie		pro Jahr u. Familie
Schweinefleisch	50 kg	Milch	400 l
Rindfleisch	30 „	Eier	400 Stck.
Hammelfleisch	10 „	Kartoffeln	500 kg
Speck	20 „	Roggenbrot	500 „
Zusammen Fleisch	110 kg	Weizenbrot	50 „
Butter	30 kg	Kaffee	10 „
Schmalz	30 „	Zucker	50 „
Zusammen	60 kg	Weizenmehl	10 „
		Reis	10 „

Nicht berücksichtigt sind Obst, Gemüse, Hülsenfrüchte, die Masse der Kolonialwaren und die Getränke, weil sich bei ihnen die Mengen auch nicht annähernd erfassen lassen. Für sie sind 100 Mk. als Mindestmaß anzusetzen.

Lebensmittel aufzuwendenden Summen in Mark.

1894	1895	1896	1897	1898	1899	1900	1901	1902	1903	1904	1905	1906	1907	1908	1909	1910
65	63	60	65	70	68	67	71	75	71	66	78	85	75	76	77	79
38	37	37	38	38	38	38	39	40	41	41	43	46	47	46	48	50
12	12	12	13	13	13	13	13	14	15	15	15	17	17	16	16	17
30	29	28	28	30	29	29	30	33	32	30	33	37	35	33	35	36
145	141	137	143	151	148	147	153	162	159	152	169	185	174	171	176	182
102	103	104	112	126	121	120	121	121	119	118	122	135	154	159	151	138
18	17	18	19	22	21	21	21	21	21	21	21	23	25	27	27	27
120	120	122	131	148	142	141	142	142	140	139	143	158	179	186	178	165
70	69	69	68	67	71	70	70	69	69	70	74	75	74	79	78	80
40	38	35	34	34	35	35	38	43	43	41	42	46	45	46	47	53
24	25	25	24	25	23	25	26	23	24	32	30	22	29	31	28	24
80	72	72	72	72	72	72	72	72	72	72	72	76	88	88	88	88
24	24	24	24	24	24	28	28	24	28	28	28	28	28	28	32	32
30	31	31	31	31	28	27	27	27	24	24	24	24	24	24	26	26
33	31	32	32	30	31	33	34	32	25	24	24	24	24	25	25	25
3	3	3	4	4	4	4	4	4	4	4	4	4	4	4	4	4
5	7	7	6	6	6	6	6	6	6	6	6	6	6	6	6	6
309	300	298	296	292	293	298	304	302	302	302	304	305	322	330	334	338
574	561	557	570	591	583	586	599	606	601	593	616	648	675	687	688	685
93,56	91,44	90,79	92,91	96,33	95,03	95,52	97,64	98,78	97,63	96,66	100,41	105,62	110,03	111,98	112,14	111,66

598 = 101,9 630 = 107,35

| — | — | — | — | — | — | — | — | — | — | — | 104,97 | 110,41 | 115,02 | 117,07 | 117,24 | 116,72 |

Tabelle der Preise für die Mengeneinheit

	Gewicht usw.	1881	1882	1883	1884	1885	1886	1887	1888	1889	1890	1891	1892
		Polizei-Präsidium											
Schweinefleisch	1 kg	120	121	121	120	121	121	120	116	130	144	136	137
Rindfleisch, Mittel aus Keule und Bauch	1 kg	119	119	118	118	117	116	111	114	126	129	128	
		Polizei-Präsidium											
Hammelfleisch	1 kg	116	117	120	118	118	115	107	108	114	129	132	125
Speck, geräuchert	1 kg	160	160	160	159	147	141	136	138	149	165	156	152
		Polizei-Präsidium					Stat. Amt der Stadt						
Roggenbrot	1 kg	24	24	23	22,5	22	20,8	20,65	21,22	24,69	27,18	31,7	29,52
		Polizei-Präsidium											
Weizenbrot	1 kg	47	45	45	45	45	45	45	45	50	61	63	43,4
		Polizei-Präsidium. Durchschnittsmarktpreise.											
Butter	1 kg	228	231	232	224	229	230	228	226	229	231	234	235
		Polizei-Präsidium											
Schmalz	1 kg	161	170	180	180	157	139	131	129	134	142	117	131
		Polizei-Präsidium					Stat. Jahrb. für das Deutsche Reich						
Kartoffeln	100 kg	571	426	644	497	482	439	510	518	475	470	470	650
							nach Bolle						
Milch	1 Liter	19,8	20	20	18	18	18	18	18	19	20	20	20
		Polizei-Präsidium. Schock											
Eier (b. Zahl. i. Klammern Berechnung pro Stück)	Schock Stück	331 (6)	316 (6)	318 (6)	314 (6)	312 (6)	306 (5)	287 (5)	332 (6)	342 (6)	363 (7)	— 7	— 7
		Königl. Stat. Bureau					Polizei-Präsidium						
Kaffee	1 kg	240	220	180	200	200	231	242	236	272	275	286	287
		Polizei-Präsidium											
Zucker	1 kg	95	95	95	85	76	80	71	73	75	70	72	72
		Polizei-Präsidium											
Weizenmehl	1 kg	37,9	32,8	33	30,5	29	27	27	36	35,6	35,5	37	35
		Polizei-Präsidium											
Reis (Java)	1 kg	60	60	60	60	70	68	74	74	71	70	66	57

Die Berechnung ist in der Tabelle enthalten, in der die einzelnen Zahlen auf ganze Mark abgerundet sind. Die Kurven sind auf Grund der errechnten Zahlen gezeichnet.

Die Hauptkurve zerfällt in fünf Abschnitte:

1881—1887 Fallen . . . . von 614 auf 552 = 62 Mk.
1887—1891 Steigen . . . . . . „ 552 „ 667 = 115 „
1891—1896 Fallen . . . . „ 667 „ 557 = 110 „

der Nahrungsmittel in Pfennigen.

1893	1894	1895	1896	1897	1898	1899	1900	1901	1902	1903	1904	1905	1906	1907	1908	1909	1910
Statistisches Jahrb. für das Deutsche Reich															St.A.b.St.		
132	129	125	120	130	140	136	134	142	150	142	132	155	169	149	151	154	158
125	125	123	122	124	125	125	126	129	134	137	138	144	154	155	153	159	165
nach Stat. Amt der Stadt Mittel aus Keule und Bauch																	
118	122	124	124	127	130	128	130	133	139	146	144	152	165	165	163	162	166
Stat. Amt der Stadt																	
154	152	146	140	142	150	146	144	150	166	158	150	164	186	174	166	176	182
Stat. Amt der Stadt																	
21,89	20,43	20,63	20,93	22,30	25,15	24,21	23,96	24,23	24,21	23,83	23,5	24,3	27,06	30,82	31,78	30,21	27,65
Stat. Amt der Stadt																	
37,7	35,2	34,5	36	38	43	41,7	41,3	41,4	41,7	41,6	41,8	42,7	44,93	49,36	52,22	54,2	53,89
Polizei-Präsidium. Durchschnittsmarktpreise															St.Amt b. Stadt		
236	234	229	230	228	224	238	233	234	230	231	234	247	250	247	264	260	266
Stat. Amt der Stadt																	
153	134	128	116	114	114	116	116	128	142	144	136	140	152	150	152	158	175
Stat. Jahrb. für das Deutsche Reich															St.A.b.St.		
515	480	500	495	495	470	451	494	514	450	493	644	605	429	588	616	558	494
nach Bolle																	
20	20	18	18	18	18	18	18	18	18	18	18	18	19	22	22	22	22
Stat. Amt der Stadt. Stück																	
—	6	6	6	6	6	6	6	6	7	7	7	7	7	7	7	8	8
Polizei-Präsidium															Konsum-Gen. Berlin		
280	301	306	308	306	310	275	270	270	270	244	235	235	235		240	240	260
Polizei-Präsidium																	
66	66	61	63	64	60	60	61	66	67	63	49	48	48		48	48	50
Polizei-Präsidium															Konf.-Gen. Berl.		
30	31,9	32	33	35	40	35	34,5	35	35	35	35	35	36		40	40	
Polizei-Präsidium																	
55	54,2	65	65	60	60	60	60	60	60	60	60	60	60		60	60	

1896—1904 wechselnd, i. ganzen steigend von 557 auf 593 = 36 Mk.
1904—1909 Steigen . . . . . . „ 593 „ 688 = 95 „

1910 ist die Ausgabe für die wichtigeren Nahrungsmittel gegen 1909 etwas geringer geworden. Für die Beurteilung der Lage 1911 vergleiche ich die Monatsdurchschnitte der höchsten und niedrigsten Preise der Markthallen nach den Veröffentlichungen des Statistischen Amtes der Stadt Berlin für einige Lebensmittel mit denen des Jahres 1910:

Monatsdurchschnitte der höchsten und

Es wurden gezahlt in Pfennigen für		Januar	Februar	März	April
Rindfleisch, Bauch	1910	68—74	68—74	67—75	67—74
½ kg	1911	71—76	69—75	68—75	69—75
Schweinefleisch	1910	92—103	78—83	77—82	77—82
(Schulter und Bauch) ½ kg	1911	73—77	70—75	70—74	69—75
Speck ½ kg	1910	93—98	92—98	90—96	88—94
„ „	1911	84—92	83—91	82—90	81—88
Schmalz ½ kg	1910	80—93	80—92	79—91	81—91
„ „	1911	81—91	79—90	77—89	76—88
Butter ½ kg	1910	126—145	127—145	132—151	136—153
„ „	1911	119—139	119—139	120—140	120—140
Eier, Stück	1910	7—10	6—9	6—9	6—8
„ „	1911	7—10	7—10	7—9	6—8
Kartoffeln, 1 kg	1910	5—7	5—7	5—7	5—6
„ „	1911	5—7	5—7	5—7	6—7

Nach diesen Zahlen ist 1911 eine erhebliche Steigerung der Preise nur für Kartoffeln und Butter in der zweiten Hälfte des Jahres eingetreten, der Preis für Rindfleisch steht von Januar bis August um einige Pfennige höher als in den gleichen Monaten des Vorjahres, dagegen sind die Preise für Schweinefleisch, Speck und Schmalz zum Teil recht stark gesunken. Es werden also die Lebensmittelausgaben im ganzen nicht höhere gewesen sein als 1910.

In der ersten Periode (1881—87) fallen die Preise fast aller Lebensmittel ununterbrochen, es ist die Zeit der schweren Krisis für die Landwirtschaft. Die zweite (1887—91) ist beherrscht von dem enormen Steigen der Brotpreise, aber bis 1890 werden auch alle anderen Lebensmittel teurer, ausgenommen Zucker und Kartoffeln, die jedoch 1890/91 ihre Höchstkulmination haben. Das Jahr 1891 ist infolge der russischen Mißernte ein Teuerungsjahr erster Ordnung, es wird erst wieder 1907 überragt. Die dritte Periode (1891—96) zeigt einen überaus starken Preissturz, bis 1896 sinkt die Kurve fast wieder auf den Tiefstpunkt des Jahres 1887. Ausschlaggebend für diese Bewegung ist wieder der Brotpreis. Auch die Kurven der anderen Lebensmittel fallen meist, einzelne Steigerungen sind nur gering (Kartoffeln, Kaffee, Zucker, auch Schmalz zu Beginn der Periode). Die Ausgabe für Fleisch wird gleichmäßig von Jahr zu Jahr niedriger. Zu Beginn des vierten Abschnittes (1896—1904) treiben Brot und Fleisch die Hauptkurve wieder hinauf, so daß sie 1898 über dem Niveau des ersten Jahrzehntdurchschnittes steht. Dann erhält 1900—1904 das Fleisch bestimmende Bedeutung, während die Ausgabe für Brot auf gleicher Höhe

Die Verteuerung der Lebensmittel in Berlin im Laufe der letzten 30 Jahre.

niedrigsten Preise für einige Lebensmittel.

Mai	Juni	Juli	August	Septbr.	Oktober	Novemb.	Dezemb.
67—74	68—75	69—76	70—77	72—78	72—77	71—77	71—76
70—76	72—77	72—77	72—77	72—77	72—77	71—77	—
76—81	76—81	75—80	75—80	75—80	75—79	75—78	75—78
69—75	70—75	70	69—74	69—75	69—74	68—73	—
88—93	87—92	85—91	86—92	85—91	85—91	85—92	85—92
79—87	79—86	80	78—86	79—86	78—86	79—86	—
80—90	81—90	81—90	80—90	80—90	81—90	83—91	81—91
75—86	73—85	73—85	73—84	74—84	74—84	73—84	—
130—144	120—136	116—136	119—138	120—138	120—139	121—138	119—138
119—138	120—138	121—130	126—144	133—152	137—158	138—159	—
5—7	5—7	5—8	6—8	6—9	7—9	7—10	7—11
5—8	6—8	6—8	6—9	7—9	7—9	7—10	—
5—6	5—6	6—7	5—8	5—7	5—7	5—7	5—7
6—7	7—8	8—9	11—14	9—10	8—10	8—9	—

läuft, die übrigen Lebensmittel sich ausgleichen. 1904—1909 steigt die Kurve beständig an und überschreitet schon 1907 den Höchststand von 1891. Entscheidend für die Bewegung bis 1906 sind Brot und Fleisch, dann bis 1908 Brot und Kartoffeln, die flache Spitze 1909/10 entsteht durch Ausgleich: Brot- und Kartoffelpreise fallen, Fleisch, Butter und Schmalz steigen im Preise. Nach dem allen bestimmen Brot und Fleisch hauptsächlich den Gang der Ausgabenkurve. Gerade bei diesen beiden hat die Gesetzgebung während der 30 Jahre des öfteren eingegriffen, und man hat ihr alle Schuld einer Verteuerung in die Schuhe schieben wollen; doch spielten Faktoren mit, auf die die Gesetzgebung keinen Einfluß hatte. Ihre Bedeutung für die Lebensmittelausgaben des kleinen Haushaltes im Laufe der letzten 30 Jahre soll nur in ganz allgemeinen Zügen im folgenden dargestellt werden.

Die Wendung zu einer entschiedenen Schutzzollpolitik bezeichnet das Zolltarifgesetz vom 15. Juli 1879. Doch war der Schutz, soweit er hierher gehört, nur gering, und für die Lebensmittelausgaben nicht von positiver Bedeutung. Dasselbe gilt auch von der Erhöhung des Zolltarifs durch Gesetz vom 22. Mai 1885, denn die Kurve der Lebensmittelausgabe fällt bis 1887. Erst nach der unter dem Drucke der Not unserer Landwirtschaft erfolgten Steigerung des Zolles für Getreide und Mühlenfabrikate 1887 steigt die Kurve bis 1891 mächtig an. Dabei wirken aber Produktionsverhältnisse z. B. die russische Roggenmißernte 1891 mit, die den Weltmarktpreis in die Höhe trieben. Der Fall der Kurve bis 1896 ist zum Teil auf die Erneuerung der Handelsverträge 1891 bis

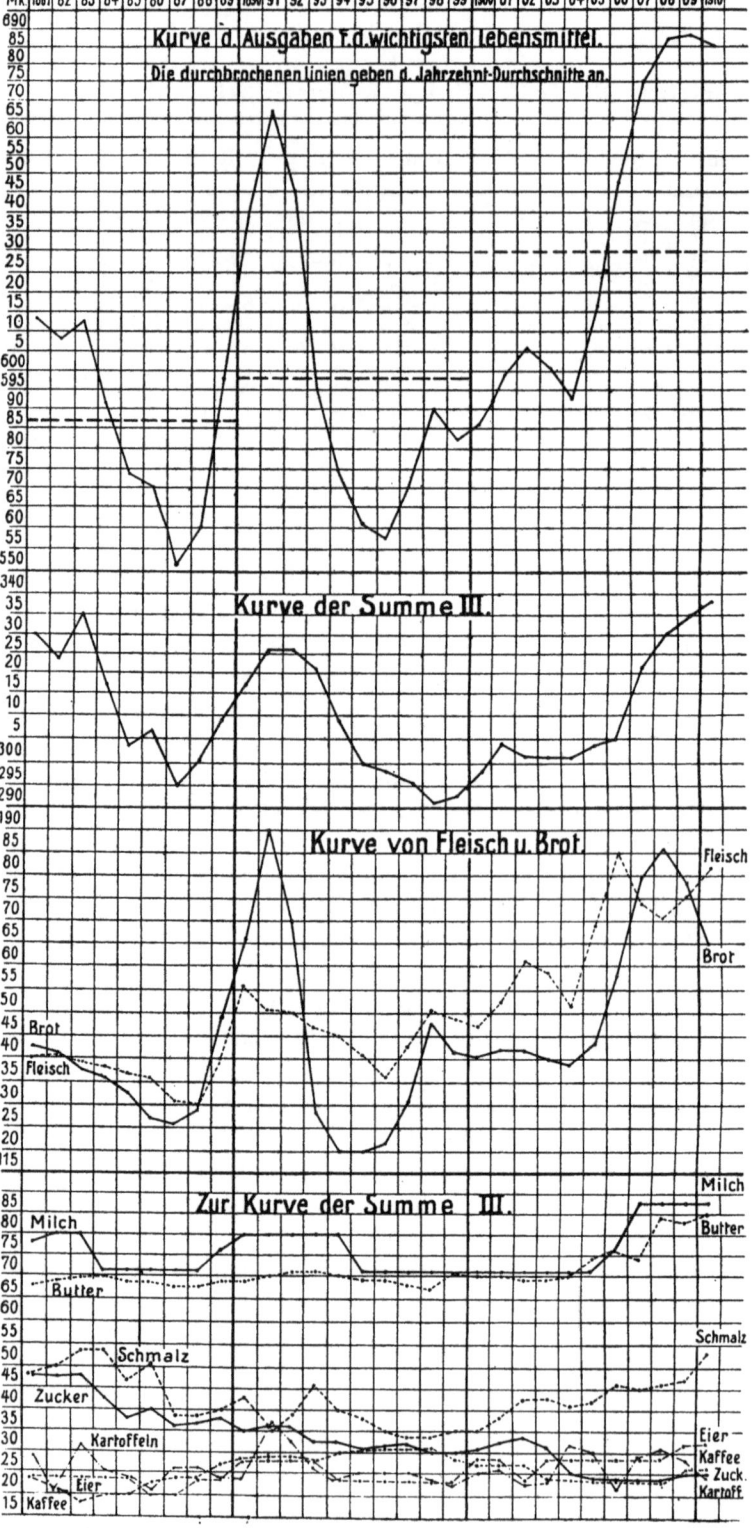

1894, die den Abschließenden eine Erniedrigung des Getreidezolles und der Vieh- und Fleischzölle bringt, zurückzuführen, aber zu gleicher Zeit waren auf dem Weltmarkte infolge günstiger Ernten und des kräftigen Auftretens der argentinischen Konkurrenz die Getreidepreise gefallen.

Der letzte Abschnitt des starken Steigens (1904—1909) wird von gesetzgeberischen Maßnahmen eingeleitet durch das Schlachtvieh- und Fleischbeschaugesetz vom 1. Oktober 1900, das am 1. April 1903 in Kraft trat. Preismildernd wirkte hier der Umstand, daß das preußische Ausführungsgesetz die Errichtung von Freibänken an den städtischen Schlachthöfen verlangte. Auf ihnen sollte in für den einzelnen Käufer bestimmten Höchstportionen beanstandetes, aber noch genießbares Fleisch billig abgegeben werden. Auf der Berliner Freibank kostete z. B. 1910 das Pfund

        Rindfleisch   I . . . . 50 Pf.
             „   II . . . . 40 „
   Schweinefleisch I . . . . 60 „
            „   II . . . . 40 „

(Statistisches Amt der Stadt Berlin). Gewiß kommen die Vorteile der Freibank nur einer beschränkten Zahl zugute, unterschätzt darf ihre Bedeutung für die minderbemittelte Bevölkerung deshalb doch nicht werden.

Sonst aber bedeutet die Einführung der allgemeinen und obligatorischen Fleischbeschau eine Verteuerung, einmal ihrer Kosten wegen, wie beim Fleisch näher ausgeführt wurde, dann aber auch, weil sie das Angebot gegen früher durch Ausschließung des verdorbenen Fleisches verkleinert.

Endlich fallen in diese Periode das Zolltarifgesetz vom 25. Dezember 1902 mit Geltung vom 1. März 1906 und die Zusätze zu den Handelsverträgen und sonstige Handelsabkommen. Die Tarife für Fleisch, Vieh und Getreide werden recht bedeutend erhöht.

Trotz der eingreifenden gesetzgeberischen Maßnahmen seit 1900 ist die Verteuerung des Fleisches durch sie nur als geringfügig zu bezeichnen gegenüber den Einwirkungen der Marktverhältnisse, die, wie oben ausgeführt worden ist, die Fleischpreise bestimmten.

Die Brotausgabenkurve ist von 1905—1908 stark gestiegen, dann bis 1910 wieder gefallen. Doch steht sie 1910 noch ziemlich erheblich über der durch den Zollschutz gebotenen Verteuerung gegen die Ausgabe vor 1906. Auch hier haben Produktion und Handel, wie im Abschnitte

„Brot" geschildert wurde, gerade in den letzten Jahren die Preise mehr in die Höhe getrieben, als die Gesetzgebung.

Die Hauptkurve der Lebensmittel ist 1905—1907 steil in die Höhe gegangen, namentlich 1906 und 1907 gestiegen, und der Zolltarif hat sein kräftiges Wörtchen dabei mitgesprochen, aber doch keineswegs alles gemacht. 1906 und 1907 haben zur Steigerung der Kurve wesentlich auch die zollfreien Nahrungsmittel, z. B. Milch und Kartoffeln beigetragen (mäßige Kartoffelernte 1906, mäßige Wiesenheuernte 1907), andere Verhältnisse haben also in der Richtung wie die Gesetzgebung mitgewirkt.

Dritter Abschnitt.
Das Einkommen der Berliner Arbeiterschaft im Verhältnis zur Verteuerung der Lebensmittel.

Allgemeines.

Die Steigerung der Lebensmittelausgabe von Jahr zu Jahr betrug nach der oben aufgestellten Berechnung:

```
1888 . . .    8 Mk.
1889 . . .   38  „
1890 . . .   41  „
1891 . . .   28  „
```
Zusammen 115 Mk.

Diese Teuerungsperiode wurde aber durch den nachfolgenden Sturz bis 1896 fast vollständig wieder ausgeglichen.

Dann setzt eine neue Steigerung ein:

```
1897 . . . . . . .  13 Mk.
1898 . . . . . . .  21  „
1900 . . . . . . .   3  „
1901 . . . . . . .  13  „
1902 . . . . . . .   7  „
1905 . . . . . . .  23  „
1906 . . . . . . .  32  „
1907 . . . . . . .  27  „
1908 . . . . . . .  12  „
1909 . . . . . . .   1  „
```
Zusammen 152 Mk.,

ab in den billigen Jahren 21 Mk., bleibt eine Verteuerung von 131 Mk. in der Zeit von 1896—1909. Die Ausgaben für die notwendigsten Lebensmittel stiegen in diesen 13 Jahren um rund 23 % (1896 = 557 Mk.

1909 = 688 Mk.). Ein Arbeiter, der 1896 mit 23 Mk. Wochenlohn obige Lebenshaltung führen konnte, mußte 1909 26 Mk. Wochenlohn erhalten, wenn er nicht schlechter leben sollte. In beiden Fällen ist volle Beschäftigung Voraussetzung.

Für die Aufstellung der Gesamtausgaben, die zur Führung einer auskömmlichen, wenn auch knappen Lebenshaltung für eine Familie (vier Köpfe) notwendig sind, zerlege ich den Zeitraum 1881—1910 in drei Perioden: 1881—89, 1890—1903 und 1904—10.

1881—1889 sind als Ausgaben für Lebensmittel etwa 600 Mk. anzusetzen. Wenn den Haushaltungsrechnungen entsprechend diese 600 Mk. 50% der Gesamtausgaben ausmachen, so würden die vollen Unterhaltskosten 1200 Mk. pro Jahr betragen. Es kämen auf Miete 216 Mk., auf Kleidung, Wäsche, Reinigung etwa 100 Mk., auf Heizung, Beleuchtung 40 Mk. Für alle übrigen Ausgaben bliebe nur eine Reserve von 264 Mk. Das ist nicht viel, gestattet aber noch eine Rücklage für Notfälle und für die Zukunft.

Für die Zeit 1890—1903 schätze ich die notwendige Gesamteinnahme auf 1300 Mark. Die Erhöhung um 100 Mk. gegen 1881—1889 ist eher zu niedrig als zu hoch, denn Miete, Lebensmittelausgabe und öffentlich-rechtliche Abgaben sind gegen früher gestiegen.

Mindestens die gleiche Steigerung verlangt die dritte Periode 1904—1910. 1400—1500 Mk. Einnahme wird in ihr als Grundlage für einen mäßig auskömmlichen Familienunterhalt angesehen werden müssen. Das Budget gestaltet sich etwa so:

Nahrungs- und Genußmittel	750 Mk.
Wohnung	300 "
Bekleidung	100 "
Heizung und Beleuchtung	50 "
Zusammen	1200 Mk.

Die übrigen 2—300 Mk. sind zum großen Teil durch öffentliche Abgaben, durch Versicherungen, Ausgaben für Verkehr usw. gebunden. Erhebliche Ersparnisse werden sich kaum über die durch die Arbeiterversicherung erzwungenen hinaus zurücklegen lassen. Doch kann von einer sicheren Familienexistenz erst gesprochen werden, wenn ein Kapitaleigentum vorhanden ist, aus dem die Familie ein Reserveeinkommen bezieht. Bei dem allen ist eine Steigerung der Lebenshaltung noch nicht berücksichtigt.

Die für die drei Zeitabschnitte festgesetzten Einkommen entsprechen einem Wochenlohn:

1881—1889: von 23 Mk. = 1200 Mk. pro anno
1890—1903:   „ 25 „ = 1300   „   „   „
1904—1910:   „ 28,8 „ = 1500   „   „   „

wenn der Mann voll beschäftigt ist (52 Wochen). Bei 40 Wochen Beschäftigungsdauer würden diese Einkommenssätze nur 920—1000—1152 Mark betragen und die beträchtliche Nebeneinnahme von 280—348 Mark erfordern.

Der Zeitabschnitt 1881—1889.

Mit den vorstehend berechneten Maßstäben trete ich an die Darstellung der Berliner Arbeiterlöhne heran. Als Grundlage für sie benutze ich die „Ermittlungen über die Lohnverhältnisse in Berlin, eingezogen durch die städtische Gewerbedeputation, bearbeitet in dem Statistischen Amt der Stadt Berlin". Die Ermittlungen beruhen auf Enqueten, die mit Innungen, Kassen, Arbeitervereinen und einzelnen Unternehmern über die Lohnhöhe angestellt sind. Sie geben keine absoluten Tatsachen, sondern von den nächstbeteiligten Sachverständigen geschätzte Durchschnittslöhne. Der Wert dieser Ermittlungen ist infolgedessen ein beschränkter, wie es auch in den Erläuterungen des Statistischen Amtes wiederholt hervorgehoben wird, aber anderes ebenso umfassendes und bearbeitetes Material in Berliner Lohnstatistik liegt nicht vor. Zu einer allgemeinen Beurteilung der Einkommenslage, wie sie im Rahmen dieser Arbeit nur beabsichtigt ist, reichen die Resultate aus, zumal in vielen Fällen eine Kontrolle der Lohnhöhe durch Vergleichung der verschiedenen Quellen (Arbeitgeber — Arbeitnehmer), aus denen die Angaben fließen, möglich ist.

Die Aufnahmen lassen in den ersten Jahren 1882—1885 einen Schluß über den Umfang der Enquete nicht zu. Es sind nur Wochen- und Stundenlöhne (in Zeit- und Akkordlohn) angegeben. Über die Beschäftigungsdauer im Laufe des Jahres ist nichts gesagt, über die Nachfrage nach Arbeit orientiert nur die Frage, ob Arbeiter begehrt oder unbegehrt sind.

Bei solchen Einschränkungen läßt sich aus der Erhebung für 1882 herausziehen:

Die Tagelöhner verdienen wöchentlich durchschnittlich

im Zeitlohn . . . 13,50 Mk.
 „ Stücklohn . . . 18—24 „

Bei der ungelernten Arbeiterschaft, die in bestimmten Gewerben beschäftigt ist, kommt als durchschnittlicher Lohn meist 15 Mk. pro Woche vor, er schwankt in dieser Mittellage zwischen 10 und 20 Mk. Höchstens beträgt er 15—25 Mk. im Zeitlohn, bis zu 30 Mk. im Stücklohn. Die Mehrzahl wird zwischen 15—20 Mk. verdient haben. Das würde bei voller Beschäftigung (52 Wochen) einen Jahresverdienst von 780 — rund 1000 Mk. ergeben.

Die ganze Schicht ungelernter Arbeiter erreicht also höchstens mit ihren Spitzen ein Lohneinkommen von 1200 Mk. und mehr im Jahr.

Die Löhne der gelernten Arbeiter, der Gehilfen und Gesellen, sind höher, sie sind je nach dem Gewerbe und wieder innerhalb der Gewerbe mannigfaltig abgestuft. Am schlechtesten gestellt ist die Arbeiterschaft der in Berlin wenig bedeutenden Textilindustrie, im Durchschnitt hebt diese sich kaum von der ungelernten ab. Die besten Löhne haben die Metall- und Maschinenindustrie, die Drucker und die künstlerischen Gewerbe. Hier finden sich schon in der Durchschnittslage Wochenlöhne von 30 Mk., wenigstens nach Angabe der Unternehmer, die Kassen haben meist niedrigere Sätze. Die Bessergestellten in diesen Gewerben werden bei voller Beschäftigung schon im mittleren Einkommen 1400—1500 Mk. jährlich verdient haben.

Zwischen diesen beiden Polen liegen die Löhne der übrigen Gewerbe. Ungefähr in der Mitte stand damals das Baugewerbe. In ihm verdiente der Geselle im durchschnittlichen Zeitlohn 18—24 Mk. (Maurer und Zimmerer 18—19,50 Mk.), im Stücklohn allerdings erheblich mehr. Alles in allem wird die Mehrzahl der gelernten Arbeiterschaft kaum 1200 Mk. jährlich verdient haben.

Dieses ungünstige Resultat wird noch dadurch verschlechtert, daß nach der kurzen Aufschwungsperiode um 1880—1882 wieder eine Depression eintritt. In den meisten Fällen finden wir die Angabe, daß Arbeiter nicht begehrt werden, daß die Tendenz der Lohnbewegung eine gleichbleibende, oft aber auch eine fallende, nur in wenigen Fällen (z. B. in der Textilindustrie) eine steigende ist. — Die Arbeiterversicherungsgesetzgebung setzt erst 1883 ein, der Arbeiter ist für Notfälle höchstens auf Hilfskassen usw. angewiesen. Seine und seiner Angehörigen Arbeitskräfte können noch ziemlich willkürlich ausgenutzt werden, wie sich das aus der Angabe der Arbeitszeit, die 12—14 Stunden einschl. Pausen dauert, und der häufigen Sonntagsarbeit ergibt. Die Arbeiterschaft war 1882 noch keine Macht. Ihre Organisation war durch das Sozialistengesetz so gut wie vernichtet worden.

Erwägt man alle diese Umstände im Zusammenhange mit den angeführten Löhnen, so wird es sehr wahrscheinlich, daß die Lebenshaltung, wie sie nach der oben gezeichneten Lebensmittelkurve bestimmt ist, von der Masse der Berliner Arbeiterschaft nicht erreicht werden konnte.

Einen Fortschritt in den nächsten Jahren bringt die Einführung der Kranken- und Unfallversicherung. Die allgemeine wirtschaftliche Lage ändert sich aber nicht; nach den Enqueten 1883 und 1884 bleiben die Arbeiter wenig begehrt, bleiben die Löhne meist unverändert, die Zahl der Fälle, in denen sie fallen, vermehrt sich noch, während nur ganz vereinzelte Steigerungen vorkommen. Gestiegen sind 1883 die Löhne der Maurer und Zimmerer etwa um 5 Pf. für die Stunde. Im übrigen kehren bei Gehilfen und Gesellen meist dieselben Lohnhöhen wieder.

Seit 1885 sind die Fragebogen der Enquete erweitert worden. Eingefügt ist die Frage nach der jährlichen Arbeitszeit für die Mehrzahl der Arbeiter. Die Beantwortung zeigt, daß fast in keinem Gewerbe das ganze Jahr hindurch gleichmäßig gearbeitet wird. Im Baugewerbe wird volle Arbeitszeit nur auf acht bis neun Monate für Maurer und Zimmerer angesetzt. Am besten stehen sich das Druckerei- und Nahrungsmittelgewerbe, deren Arbeiter fast das ganze Jahr beschäftigt werden, ungefähr ebenso die Maschinenindustrie und die Metallverarbeitung. Die Nachfrage nach Arbeitern, gelernten wie ungelernten, ist 1885 im ganzen gedeckt, nur gute Arbeiter werden verlangt. Das wird aber immer der Fall sein; aus dem häufigen Auftreten dieser Bemerkung läßt sich vielmehr schließen, daß ein Überandrang mittelmäßiger Arbeitskräfte stattfindet. Die gleiche Erscheinung zeigt sich 1887. In beiden Jahren tritt Mangel an Arbeitern in größerem Umfange nur im Bekleidungs- und Reinigungsgewerbe, sowie in der Textilindustrie auf, doch wird hier oft nur die weibliche Arbeitskraft gesucht.

Nach den Angaben der Enquete sind die Löhne im großen und ganzen 1884 zu 1885 und 1886 zu 1887 die gleichen geblieben, in einigen Fabriken der Metall- und Maschinenindustrie und anderer Industrien gestiegen, in vereinzelten aber auch gefallen. Fast allgemein gefallen sind die Löhne von Webern und Tuchmachern, gestiegen dagegen die der Buchdrucker, Weißgerber und Militäreffektenmacher. Das sind aber nur kleine Gruppen, die im Verhältnis zur Gesamtarbeiterschaft eine geringe Rolle spielen.

Für das Jahr 1887 ist vom Statistischen Amt der Stadt eine Zusammenfassung der Lohnangaben gemacht und eine Übersicht der Löhne für Gesellen und Tagelöhner seit 1882 gegeben. Der Wert dieser Über-

Löhne der in bestimmten Gewerben

	pro Woche in Mark							
	Steine und Erden		Metall-verarbeitung		Maschinen-industrie		Chem. Industrie	Heiz- und Leuchtstoffe usw.
	Zeit	Stück	Zeit	Stück	Zeit	Stück		Zeit	Stück
1887	16,95	—	18,05	21,55	17,80	20,40	15,75	18,95	21,00
1885—1887 . .	17,05	—	17,90	20,75	16,65	19,15	16,25	17,60	—

Löhne von Gesellen

	pro Woche in Mark							
	Steine und Erden		Metall-verarbeitung		Maschinen-industrie		Heiz- und Leuchtstoffe usw.	
	Zeit	Stück	Zeit	Stück	Zeit	Stück	Zeit	Stück
1887	28,15	31,10	21,50	22,20	21,80	26,10	22,00	31,00
1885—1887 . .	25,45	20,00	21,50	23,65	21,95	25,55	23,25	30,85
Zeitlöhne, höchste und niedr. in den Branchen . . .	19,50—36		20,90—26,65		18,70—24,9		—	

[1] Bäcker und Schlächter nicht einbegriffen, diese noch vielfach in frei Quartier

sicht und Zusammenfassung für eine Vergleichung ist, wie es auch im Texte der Bearbeitung zugegeben wird, ein sehr beschränkter. Man wird daraus nur einen Schluß auf die allgemeine Bewegung der Löhne ziehen können.

Für die Schicht der Tagelöhner zeigt die Zusammenfassung folgende Zahlenreihe:

	Mai 1882	Juli 1883	Februar 1884	Mai 1885	Mai 1886	Mai 1887	
Tagelöhner	16,30	14,90	15,20	16,05	16,15	16,30	Mk. pro Woche.

Die Zahlen lassen sich der verschiedenen Aufnahmedaten wegen nicht weiter vergleichen. Das Einkommen ist auch 1887 noch so gering, wie 1882, in der Zwischenzeit sogar niedriger.

Die ungelernte Arbeiterschaft in den Gewerben ist schon im Zeitlohn besser bezahlt und steigt im Stücklohn noch beträchtlich höher. Im

Die Verteuerung der Lebensmittel in Berlin im Laufe der letzten 30 Jahre. 59

beschäftigten **ungelernten** Arbeiter.

pro Woche in Mark												
Textil-industrie		Papier und Leder		Holz- und Schnitz-stoffe		Nahrung und Genußm.		Bekleidg. und Reinigung		Bauge-werbe	Druckerei und Photogr.	
Zeit	Stück	Zeit	Stück	Zeit	Stück	Zeit	Stück	Zeit	Stück	Zeit	Zeit	Stück
16,80	19,05	17,40	21,50	17,80	18,05	16,50	15,15	16,00	22,00	16,50	17,70	20,50
15,85	19,10	17,75	20,85	17,55	18,75	17,40	15,80	16,90	—	15,50	17,45	—

und Gehilfen.

pro Woche in Mark												
Textil-industrie		Papier und Leder		Holz- und Schnitz-stoffe		Nahrung und Genußm.		Bekleidung und Reinigung		Bauge-werbe	Druckerei und Photogr.	
Zeit	Stück	Zeit	Stück	Zeit	Stück	Zeit	Stück	Zeit	Stück	Zeit	Zeit	Stück
18,00	15,30	21,65	27,45	20,40	21,30	23,8	17,10	20,10	22,5	26,85	26,15	28,9
17,60	16,20	21,30	24,10	20,30	21,70	22,25	18,85	18,6	19,65	24,25	26,25	28,25
12,00—22		17,80—32,50		18—24,5		15—36[1]		14,25—20,85		18 bis 36,50[2]	12,50[3]—48[4]	

mit Kost. [2] Steinträger beziehen die höchsten Löhne. [3] Metteure. [4] Anleger.

ganzen ist eine kleine Verbesserung des Lohnes nicht zu verkennen, wie die Tabelle und der Vergleich mit den 1882 angeführten Daten zeigt. Nirgends aber ist im durchschnittlichen Wochenlohn ein Verdienst von 23 Mk. erreicht.

Für die gelernte Arbeiterschaft läßt sich aus der Übersicht der Gesellenlöhne in der Enquete seit 1881 bis 1886 ein Steigen der Löhne ableiten, 1887 folgt vielfach ein Rückschlag, der allerdings auch auf der verschiedenartigen Erhebung der Jahre 1886 und 1887 beruhen kann (1886 sind mehr Großbetriebe berücksichtigt worden). Kräftig gestiegen sind die Löhne im Baugewerbe, namentlich der Maurer und Zimmerer.

Die Tabelle gibt eine Zusammenfassung der durchschnittlichen Gesellenlöhne nach Berufsarten, also einen sehr summarischen Durchschnitt. Ich habe deshalb die Grenzdurchschnitte der einzelnen Branchen noch hinzugefügt. Bemerkenswert ist, daß schon im durchschnittlichen Zeitlohn

1885—1887 in einigen Gewerben die Grenze von 23 Mk. Wochenlohn überschritten ist, im Stücklohn sogar von der Mehrzahl, immerhin bleiben aber doch große Arbeitermengen, wie die der Holzindustrie, der Bekleidungs- und Reinigungsindustrie, auch im Stücklohn noch unter 23 Mk.

In den Jahren 1888/89 erreicht die wirtschaftliche Depression ihr Ende. In den Enqueten von 1888 und besonders 1889 findet sich häufig die Bemerkung, daß Arbeiter begehrt werden. Die Vergleichbarkeit dieser Enqueten mit den früheren ist erschwert, weil ein anderer Zeitpunkt der Erhebung (September statt früher Mai) gewählt ist.

Nach der Beantwortung der Frage: wie sich die Löhne zu denen im September 1887 verhalten (Spalte im Fragebogen der Enquete 1888), hat eine Steigerung der Löhne im ganzen nicht stattgefunden, gestiegen sind nur übereinstimmend nach allen Quellen die Löhne der Weißgerber-, Tapezier- und Kürschnergesellen, also einer gegenüber der Gesamtheit kleinen Zahl.

(Tabelle der Löhne nach der Enquete von 1888 auf Seite 61.)

Die Tabelle, die aus den Berechnungen des Statistischen Amtes zusammengestellt ist, gibt eine Übersicht der Gesellenlöhne und der Löhne ungelernter Arbeiter in den verschiedenen Gewerben. Die beigefügten Spalten über die höchsten und niedrigsten Löhne zeigen so große Unterschiede, daß nur vorsichtig Schlüsse gezogen werden können. Doch ist wahrscheinlich, daß die Mehrzahl der Gesellen das Einkommen von 23 Mk. wöchentlich knapp erreicht, die der ungelernten Arbeiter unter 18—20 Mk. bleibt. Die Wocheneinnahme der Tagelöhner beträgt im Durchschnitt 16,50 Mk.

Im Tabellenwerk für 1889 findet sich an vielen Stellen in allen großen Berufsarten die Bemerkung, daß die Löhne gegen 1888 gestiegen sind, so bei den Kupferschmieden, Feilenhauern, Stellmachern, Uhrmachern, Vergoldern, Lackierern, Bäckern und fast überall im Baugewerbe.

(Tabelle von Wochenlöhnen 1888 und 1889 Seite 62.)

Der Auszug aus dem Tabellenwerk zeigt diese Lohnbewegung, die noch durch die Angaben vieler Fabrikanten bestätigt wird. Immerhin ist doch für die Mehrzahl der gelernten Berufe eine solche Besserung der Löhne nicht ersichtlich, ebenso nicht für die ungelernten Arbeiter. In der Textilindustrie sind die Löhne sogar mehrfach gefallen, z. B. bei den ohnehin schon schlecht gestellten Webern. Dabei zeigte die Kurve der Lebensmittelausgaben eine Steigerung von 36 Mk.! Im ganzen hat sich also die Lage der arbeitenden Bevölkerung Berlins eher verschlechtert, als verbessert.

Die Verteuerung der Lebensmittel in Berlin im Laufe der letzten 30 Jahre.

Tabelle der Löhne nach der Enquete von 1888 (September). pro Woche

	Gesellenlöhne									Arbeiterlöhne								
	Zeitlohn					Stücklohn				Zeitlohn					Stücklohn			
Gesamt-durchschnitt in den einz. Branchen Mk.	Durchschnitts-Lohn roh	in den einz. Branchen	Löhne höchste	Löhne niedrigste	Gesamt-Durchschnitt	Zahl d. Arbeiter	Durchschn.-Lohn roh	Löhne höchste	Löhne niedrigste	Gesamt-Durchschnitt	Zahl d. Arbeiter	Durchschn.-Lohn roh	Löhne höchste	Löhne niedrigste	Gesamt-Durchschnitt	Zahl d. Arbeiter	Durchschn.-Lohn roh	Löhne höchste	Löhne niedrigste
Steine und Erden 27,8	15—30	103	22,95	22,4—27	50	15	31,30	12	24,25	70	15	17,1	34	18,8	22,5	12,5	21,85	40	20,25	33	15
Metallbearbeitung 21,6	20,5—25,2	441	22,5	20—25,8	40	6	25,8	201	26,6	90	8	17,3	167	18,05	30	9	24,80	103	27,70	54	13,5
Maschinen, Werkzeuge 22,25	20—27,5	920	22,85	22,4—26,5	40	12	25,7	743	23,3	54	10	17,8	706	16,9	36	12	20,95	105	25,85	42	12
Chem. Industrie —	—	—	—	—	—	—	—	—	—	—	15,00	—	—	—	—	—	—	—	—	—
Heiz- u. Leuchtstoffe 23,25	20,7—24	28	22,75	—	46	16,5	—	—	—	51,77	14,2	16,3	62	15,9	24	9	—	—	—	—	—
Textilindustrie 19,20	16,5—22,9	61	16,6	—	36	6	16,58	122	16	45	5	15,45	175	15,75	24	7,5	21,35	119	19,40	30	15
Papier und Leder 22,25	20,1—31,7	455	22,9	18,3—26,3	50	10	26	478	24,4	70	12	17	288	16,65	35	7	21,7	64	19,3	33	10
Holz- u. Schnitzstoffe 19,20	16,35—25,5	174	20,10	—	30	8	21,15	57	23,4	40	7,5	18,1	171	18,7	30	9	20,2	50	18,00	40	12
Nahrungs- u. Genußmittel 23,8	16—34,55	342	21,55	—	38	9	18,1	67	17,55	24	12	18,3	211	15,85	35	10,5	24,9	—	—	30	18
Bekleidung und Reinigung 19	15—21	65	19,6	—	36	10	19,35	94	17,95	30	7	16,8	115	15,5	33	12	20,25	88	20,2	36	12
Baugewerbe 25,2	18,7—29,4	234	23,9	20—37,85	37,5	13,5	32,25	30	30	73	20	16,4	72	15,85	24	12	—	—	—	15	10
Druckerei u. Photographie 27,9	16—44	627	32,6	19,45 bis 35,45	54	12	29,25	—	—	59	15	18,15	196	18,90	30	9	—	—	—	—	—

Tabelle von Wochenlöhnen 1888 und 1889.

	Kupferschmiede-Innung		Klempner-Innung		Schlosser-Innung		Städtische Gasanstalt	
	Zeit	Stück	Zeit	Stück	—	—	Schlosser	Betrieb.-arbeiter
1888....	21	25	21	20	18	20	22,5	26,6
1889....	24	27	—[1]	24—30[2]	18[3]	20[4]	24	28

[1] und [2] Die Ortskrankenkasse der Klempner gibt als Wochenlohn 1889 21 Mk. an.
[3] und [4] Ebenso die Ortskrankenkasse.

	Vergolder		Bäcker-Innung	Zeugschmiede-Innung	Feilenhauer	Stellmacher	Uhrmacher Ortskr.-K.	Lackierer	
	Innung	Ortskr.-Kasse						Innung	Ortskr.-Kasse
1888....	20—21	15—20	7,5—10,5	18—24	18	21	18	19,5—27	18—21
1889....	22,5—24	20—24	8—14	18—30	26	24	20—22	18—19,5 bis 27	21

	Baugewerbe					Verkehr		
	Maurer und Zimmerer		Maler	Anstreich.	Dachdecker	Omnib.-kutscher	Pferdeb.-kutscher	Schaffner
	Innung	Betrieb.-krankenk.	Ortskrankenkasse			monatlich		
1888....	Sommer 28,50	pro Stund. Pf. 50—60	18	15	27,50	68	75—82	60 68 75
1889....	33—36 pro Stund. 55—60 Pf.	60	21	18	30,00	80	75—90	60—75

Eine volle Vergleichbarkeit ist nicht möglich.

Die Zeit von 1881—1889, in der die Lebensmittelausgaben bis 1887 fielen, dann aber 1888 und 1889 erheblich stiegen, ist nach dem allen für die Arbeiterschaft keine günstige gewesen. Die Lebenshaltung, welche ich der Lohnbetrachtung zugrunde legte, konnte während der ganzen Periode von Tagelöhnern und ungelernten Arbeitern mit dem durchschnittlichen Lohneinkommen nicht geführt werden, und auch die Mehrzahl der gelernten Arbeiter wird ein Einkommen von 1200 Mk. erst in den letzten Jahren erreicht oder überschritten haben. Dabei ist immer volle Beschäftigung vorausgesetzt worden, diese ist aber für die Masse bis 1887 nicht zu finden gewesen. Die Zeit steht unter dem Drucke eines Überangebotes von Arbeitskräften, das nur noch die tüchtigen begehrenswert macht. 1888/89 beſſern ſich die Arbeitsverhältniſſe, auch ſteigen vielfach die Löhne, da aber zugleich die Lebensmittelpreiſe höhere ſind, ſo kann im allgemeinen von einer Hebung der wirtſchaftlichen Lage der Arbeiterſchaft nicht geſprochen werden.

Der Zeitabſchnitt 1890—1903.

Die zweite Periode 1890—1903, für die ich als wünſchenswerten Minimalwochenlohn 25 Mk. bezeichnet hatte, ſetzt mit einer wirtſchaftlichen Depreſſion ein. Die Enquete 1891 meldet wieder Überfluß an Arbeitskräften, und wieder werden nur tüchtige Arbeiter verlangt.

Für die Enquete hatten Lohnermittlungen eingeſandt 138 Innungen, Ortskrankenkaſſen und Arbeitervereine und 385 Unternehmer, von denen 231 die Zahl der von ihnen beſchäftigten Arbeiter angaben. Von letzteren iſt in der Tabelle II (S. 66) eine Zuſammenſtellung nach Berufsarten und Lohnklaſſen gemacht. Sie zeigt, daß die überwiegende Mehrzahl von 9169 Geſellen (70%) durchſchnittlich im Zeitlohn bis 23 Mk. verdient. Doch arbeiteten von dieſen etwa 43% nur im Stücklohn und eine faſt ebenſo große Zahl im Zeitlohn und im Stücklohn. Bei Berückſichtigung dieſes Umſtandes erhöht ſich der durchſchnittliche Wochenverdienſt für 8561 Geſellen auf 27,67 Mk., er ſchwankt dabei in den verſchiedenen Berufsarten zwiſchen 20,47 Mk. (Textilinduſtrie) und 62,32 Mk. (Metallinduſtrie) und geht in der Höchſtlage bis 80 Mk. (Steine und Erden).

Für die gezählte ungelernte Arbeiterſchaft ergibt die Klaſſifizierung der Tabelle II, daß die große Mehrzahl (79% von 5693) weniger als 20 Mk. verdient. 13% der Leute arbeiten nur für Stücklohn, 10% neben dem Zeitlohn auch im Akkord. Dieſe 23% hatten eine durchſchnittliche Wocheneinnahme von 21,65 Mk.

Von den rund 14 000 Arbeitern waren etwa 80% in Großbetrieben mit über 100 Arbeitern beſchäftigt. Man kann daher ſagen, daß ſie in der Mehrzahl zu den beſſer bezahlten Arbeitern gehörten.

Ich ſtelle dieſen Löhnen die Angaben von Ortskrankenkaſſen und Arbeitervereinen gegenüber, deren Lohnermittlungen als eine untere Durchſchnittslinie angeſehen werden können.

Nach den Ortskrankenkaſſen (ſiehe Tabelle I) haben von den gelernten Arbeitern
82% ein durchſchn. Wocheneinkommen (offenbar Zeitlohn) unter 23 Mk.
18% „ „ „ „ „ „ über 23 „

Tabelle I. Lohnangaben der Orts=

Gewerbe usw.	Zahl der zugehörigen Gesellen	Lohndurchschnitte (Woche)		
		niedrigste Mk.	mittlere Mk.	höchste Mk.
Goldschmiede	2002	10—21	17,50 23,50 20 15,50 18 14,5 11,50	16—30
Silberpresser	203	18	19,50	21
Gelbgießer	748	18	20	24
Zinngießer	50	15	20	24
Former	748	18	20	24
Kupferschmiede	431	16,5	24	30
Schirrmeister	} 410	24	27	30
Reitschmiede		21	22,5	24
Stockgesellen		18	19	20
Zeugschmiede	119	18	21	36
Schlosser	8665	15	18	20
Schwertfeger	198	15	18	27
Mechaniker	2692	15	21	27
Stellmacher	436	15	18	24
Uhrmacher	444	10	19	28
Tischler, Pianofortearbeiter	19 420	15	18	24
Tuchmacher	} 64	6	8	10
Kettenscherer		12	15	16—18

Lohnangaben von

Ortsverein der Klempner I 264 Mitglieder				Verband der deutschen Gold= und Silberarbeiter				
	Lohn				Lohn			
	niedr.	mittl.	höchst.		Zahl	nied.	mitt.	höch.
Gürtlergesellen	15	18	24	Juweliere	20	25	32	45
Gießer, Former	15	18	24	Goldarbeiter	350	12	18	30
Kupferschmiede	18	24	27	Silberarbeiter	300	10	17	27
				Fachverein der Musik=Instrumenten=Arbeiter				
Klempner	18	20	27	Klavier=Fabrikarb.	2 866	18	22	36
Bauklempner	15	18	24	Klaviaturarbeiter	246	15	22	33
Instrumentenmach.	18	21	24	Pianom.=Fab.=Arb.	474	12	20	27
Blechlackierer	18	21	24	Mech. Musik=Inst.=				
Metalldreher	18	21	24	Fabrik=Arbeiter	362	8	13	24
				Freie Vereinigung der Zimmerer.				
Drucker	18	21	24	Sommer		22,95	27	33
Optiker, Mechaniker	18	21	27	Winter		20,40	24	27

Nach den Unternehmerangaben waren es 70 und 30 %. Die Differenz würde wahrscheinlich noch geringer sein, wenn bei den Ortskrankenkassen auch die Löhne so gut bezahlter Arbeiter wie Maurer, Steinmetze usw. aufgeführt wären. Die Ermittlungen der Arbeitervereine halten sich etwa auf der Höhe der Ortskrankenkassen, gehen aber oft auch noch unter diese.

krankenkassen 1891 (nach der Enquete).

Gewerbe usw.	Zahl der zugehörigen Gesellen	Lohndurchschnitte (Woche)		
		niedrigste Mk.	mittlere Mk.	höchste Mk.
Strumpfwirker	137	9	12	15
Buchbinder, Etui-, Kartonnag.- und Lederarb.	4 146	10	18	30
Tapezierer	2 566	10	22	27
Böttcher	269	18	21—27	24
Lackierer	329	—	21	—
Möbelpolierer	480	20	24	27
Wäschefabrikarbeiter	4 864	15	—	30
Kürschner, Mützenmacher	345	10	12,5	15
Zimmerer	4 622	30	31,5	33
Brunnenbauer	24	21	24	27
Maler	2 756	15	18	24
Dachdecker	803	24	27	30
Schornsteinfeger	60	15	18	21
Steindrucker	2 694	12	24	33
Graveure	1 908	18	25	30—45
Schriftgießer	—	21	25	30
Summe	62 633			

Arbeitervereinen.

Ortsverein der Zuschneider				Ortsverein der Weber			
	Lohn				Lohn		
	niedr.	mittl.	höchst.		niedr.	mittl.	höchst.
Zuschneider	15	21	25	78 Weber	12	15	18
Vorrichter	8	12	20				
Stepper	12	—	21				
Verband der Vergolder				Ortsverein der Vergolder			
200 Lohnarbeiter	10	20,5	30	20 Vergolder	15	18	23
Freie Vereinigung der Graveure, Ciseleure und verw. Berufe							
210 Gehilfen	13	20	45				
Verband der Möbelpolierer							
Möbelpolierer	18	24	27				
Grundierer	12	15	20				

Selbst wenn man berücksichtigt, daß ein großer Teil der Gesellen im Stücklohn arbeitet, glaube ich doch nicht pessimistisch zu schließen, wenn ich annehme, daß mehr als die Hälfte der Gesellenschicht im Durchschnitt unter 25 Mk. in der Woche verdient haben wird. Danach würden die gelernten Arbeiter nur zum geringeren Teile das für die Familie

Tabelle II von **Wochenlöhnen** (Zeitlöhnen) nach der **Enquete 1891** (Sept.) nach Mitteilungen derjenigen Unternehmer, die die Zahl der von ihnen beschäftigten Arbeiter angegeben hatten.

	Es verdienten Gesellen in der Mittellage				Es verdienten Arbeiter in der Mittellage		
	auch in der Höchstlage nur bis 23 Mk.	bis 23 Mk.	23 bis 25 Mk.	25 bis 30 Mk.	über 30 Mk.	höchstens 23 Mk.	bis 20 Mk.	20 bis 23 Mk.
Steine und Erden	—	—	—	—	108	—	163	—
Metallverarb.	—	2 004	—	—	—	—	616	—
Maschinen-Ind.	—	3 600	—	—	—	204	1 404	—
Chem. Industrie	—	5	—	—	—	—	55	—
Heiz- und Leuchtstoff usw.	—	—	—	264	—	—	641	—
Textilindustrie	—	226	—	—	—	—	501	—
Papier und Leder	—	—	694	—	—	—	331	—
Holz- u. Schnitzst.	—	362	—	—	—	—	156	—
Nahr- u. Genußm.	—	—	410	—	—	—	—	978
Bekleid. u. Reinig.	—	193	—	—	—	—	126	—
Baugewerbe	—	—	—	301	—	—	183	—
Drucker	—	—	—	—	1 002	—	335	—
Summe	—	6 390	1 104	565	1 110	204	4 511	978
		9 169				5 693	
		70 %	12 %	6 %	12 %	4 %	79 %	17 %

Löhne ungelernter und sonstiger Arbeiter nach Angaben von:

		Betrieben			Ortskr.-K.			verschiedenen Arbeitervereinen									Innung		
	Zahl der Arbeiter	niedrigster	mittlerer	höchster	niedrigster	mittlerer	höchster	niedrigster	mittlerer	höchster	niedrigster	mittlerer	höchster	niedrigster	mittlerer	höchster	niedrigster	mittlerer	höchster
Gew. Arbeiter u. Hausdiener	69	15	18,88	41	9	15	16	9	15,75	23,50	12	16	20	16,50	19	24	—	—	—
"		—	—	—	16,5	18	19	18	20	25	9	15	18	15	18,20		—	—	—
"								16,50	18	21	15	16,50	18						
Packer	103	12	18,51	25	—	—	—	16,5	19	24	15	18	20	—	—	—	—	—	—
Kutscher	549	14	21,8	30													15	18	21
Omnibus-Kutscher	180	22,8	23,8	24,9															
		monatlich																	
	76	75	82	90															
Paketfahrt-Kutscher	98	75	78	85															
Meierei-Kutscher	142	Woche 21	26	30															

auskömmliche Einkommen von 1300 Mk. mit ihrem Arbeitsverdienst erreicht haben.

Von der ungelernten Arbeiterschaft in bestimmten Gewerben verdienten entsprechend der obenstehenden Unternehmerangabe 79 % bis 20 Mk. wöchentlich. Nach Angaben derselben Art (s. Tab. Seite 66 unten) über gewöhnliche Arbeiter, Hausdiener, Packer erhalten diese 18—19 Mk. durchschnittlich. In den gleichen Grenzen bewegen sich auch die Ermittlungen der Innungen, Ortskrankenkassen und Arbeitervereine. Die Masse dieser Arbeiterschicht steht demnach noch weit unter 1300 Mk. Jahresarbeitsverdienst. Wie stark diese Schicht war, ist mit Genauigkeit nicht anzugeben. Nach der Volkszählung vom 1. Dezember 1890 betrug die Zahl der Arbeiter ohne nähere Angabe in Berlin 82 325, von denen 48 213 verheiratet waren. Mit Zugehörigen umfaßte sie 255 627 Menschen. Wahrscheinlich ist die Zahl der ungelernten Arbeiter aber eine noch größere gewesen.

Bis zum September 1897 hat das Statistische Amt eine umfassende Lohnerhebung nicht vorgenommen. Aus einzelnen Veröffentlichungen in den Statistischen Jahrbüchern geht hervor, daß die Löhne in der Zeit bis 1896 eine wesentliche Veränderung nicht erfahren haben. Da die Lebensmittelausgaben bedeutend fallen, so läßt sich ganz allgemein sagen, daß 1891—1896 die Lage der Arbeiterschaft sich wenigstens nicht verschlechtert, vielleicht verbessert hat.

Im September 1897 ist wieder eine Enquete veranstaltet worden, in dem Jahre also, in welchem eine Periode gesteigerter Lebensmittelausgaben beginnt. Aus der Angabe der üblichen Arbeitszeit im Jahre hat das Statistische Amt Jahresarbeitsverdienste errechnet, die es als Maximalverdienste bezeichnet, weil die Aufnahme im September stattgefunden hat, in welchem der Verdienst höher als in anderen Monaten bemessen zu sein pflegt.

Ich hatte als auskömmliches Familieneinkommen 1300 Mk. bezeichnet, danach erscheint unter Annahme eines vierköpfigen Familienbestandes

ein Einkommen unter 800 Mk. . . unauskömmlich
„ „ von 800—1000 „ . . sehr kümmerlich
„ „ „ 1000—1200 „ . . kümmerlich
„ „ „ 1200—1300 „ . . knapp
„ „ „ 1300—1500 „ . . auskömmlich
„ „ „ über 1500 „ . . gut auskömmlich

Die Einteilung hat natürlich nur schematische Bedeutung.

Tabelle von Löhnen 1897 (nach der Enquete September 1897).

Durchschnittl. Verdienst	Gemeine Handarbeit. Ungelernte.	Beherbergung. Erquickung.	Verkehr. Gärtnerei.	Bekleidung und Reinigung	Baugewerbe	Druckerei und künstl. Betriebe	Nahrungs- und Genußmittel
über 1500		Lohnköche.		Damenschneidergesellen.	Maler (Maschin.)	Schriftsetzer. Stereotypeure. Photographen.	Obermälzer. Gär- und Brauführer.
1300 bis 1500			Kranzbinder.	Zuschneider (Wäsche).	Maurer. Putzer. Schornsteinfegergesellen. Brunnenbauer. Rohrleger.		Erste Bäckergesellen. Ofenarbeiter. Brauer.
1200 bis 1300			Erste Binder. Droschkenkutscher. Chaisenkutscher.	Waschmeister.	Anträger.	Retoucheure.	Kneter. Schlächtergesellen.
1000 bis 1200	Straßenreiniger. Stallleute.			Hutarbeiter. Friseurgehilfen.	Zimmerer. Glaser. Dachdecker. Ofensetzer. Steinsetzer.	Anleger. Hilfsarbeiter. Kopierer. Holz-, Gyps-, Elfenbein-Bildhauer. Modelleure. Bildhauergehilfen.	Bäckergesellen. Mälzer. Betriebsarbeiter in Brennereien.
800 bis 1000	Hofarbeiter. Laternenanzünder. Ungelernte Arbeiter.	Lohnkellner.	Arbeitsfuhrwerkkutscher. Gehilfen im Blumengeschäft.	Kürschner. Pelzarbeiter. Zuschneider (Schuh).	Maler. Vergolder. Lackierer.	Ciseleure. Graveure.	Konditorgehilfe. Flaschenspüler. Kutscher. Mitfahrer. Tabak- und Zigarrenarbeiter.
unter 800	Hausdiener. Packer.		Bootleute. Gärtnergehilfen. Blumenbinder.	Schneid.-}Ges. Schuhm.- Handschuhmacher Mützenmacher.	Anstreicher. Dachdeckereiarb. Steinschläger. Rammer. Bauarbeiter.		Käsearbeiter.

2. Wochen- und Stundenlohn im Vergleich zum

	Woche					Woche		
	Zeitlohn Mk.	Stücklohn Mk.	Stund.-lohn Pf.	J.-Arb. Verd. Mk.		Zeitlohn Mk.	Stücklohn Mk.	Stund.-lohn Pf.	J.-Arb. Verd. Mk.
Baugewerbe:					Papier, Leder, Gummi:				
Zimmerer ..	—	—	55—60	1038	Karton.-Arb.	22,50	—	38	1125
Maler	25,5—28,5	27—30	—	994	Sattler ...	18	21	—	940
Anstreicher ..	21—24	—	40	791	Mil.-Effekten-				
Dachdecker ..	30	—	45—55	1046	Arbeiter ..	—	—	—	839
Steinsetzer ..	33—36	35	50—60 (52)	1152	Buchbinder ..	21 (18)	24	35—40	909
Maurer ...	25	—	55—60	1322	Tapezierer ..	24—27	30	—	894
Nahrungs- und Genußmittel:					Ungelernte Arbeiter in den Gewerben ...	13,5—24 meist 18	—	—	—
Mälzer (Bier)	25—30	—	—	1047					
Druckerei:									
Schriftsetzer .	30	27,5—60	—	1560					

Die Verteuerung der Lebensmittel in Berlin im Laufe der letzten 30 Jahre.

1. Durchschnittliche Jahresarbeitsverdienste.

Holzindustrie und Drechslerei	Papier, Leder, Gummi, Tapez.	Textilindustrie	Steine und Erden	Metall- und Maschinenindustrie	Bemerkungen
Oberböttcher.			Steinbildhauer. Steinmetze.	Gelbgießer. Bohrer. Hobler. Eisenhobler.	Meister, Werkführer, Poliere usw. gehören zur obersten Schicht.
Modelltischler. Böttcher (Brauerei) Bilderrahmenmacher.			Steinbildhauer (künstl. Betr.) Steinm. Steinschleif., -schläger. Flaschensetzer. Schürer.	Schmiede. Kupferschmiede. Former. Schirrmeister. Maschinenmonteure.	
Drechsler (Masch.).		Goldwaren-, Mechan. Stuhlweber.		Kesselschmiede. Mechanik. Lackierer. Eisen- und Metalldreher. Fräser. Schwertfegergesellen. Stimmer. Gasglühlichtmonteure. Metallschmelzer. Maschinist. Heizer.	Die gesperrt gedruckten Arbeiter gehen im durchschn. Höchstverdienst über 1300 Mk. hinaus.
Fräser. Sägenschneider. Tischler. Bautischler. Pianofortearbeiter. Drechsler. Böttcher (Werkstatt). Vergolder. Farbigmacher.	Kartonarbeiter. Färber. Sattler (Masch.) Gummiarbeiter.		Glasschleifer.	Maschinenschlosser. Wagenbauer. Bestoßer. Messerschmiede. Beschlagschm. Feilbänker. Gußputzer. Klempner. Zinkschleifer. Bandagist. Instrumentenmacher. Vernickler. Nadler- u. Siebmachergesell. Kernmacher.	
Kehlmasch.-Arbeit. Möbeltischler. Lackierer.	Buchbinder. Weiß- und Lohgerber. Sattler. Täschner. Geschirr-, Mil.-Effekt-Arbeiter. Tapezierer. Dekorateure.	Posamentierer. Ordensbandweber.		Gold- u. Silberarbeiter. Presser. Schleifer. Galvanisteure. Gürtler. Stockgesell. Uhrmachergehilf. Stell- u. Rademacher. Zahntechniker.	
Hobler. Abrichter. Möbelpolierer. Grundierer. Bürstenmacher. Korbmacher.		Strickmasch.-Arbeit. Tuchmachergesell. Plüschm. Trittarbeiter. Weber. Färber. Raschel- u. Rundstuhlarbeiter.			

durchschnittlichen Jahresarbeitsverdienst.

	Woche					Woche			
	Zeitlohn Mk.	Stücklohn Mk.	Stund.lohn Pf.	J.-Arb. Verd. Mk.		Zeitlohn Mk.	Stücklohn Mk.	Stund.lohn Pf.	J.-Arb. Verd. Mk.
Holzindustrie:					Met. u. M = J.:	21			
Fräser	23–26	24	43	1171	Goldarbeiter	24–30	—	—	988
Möbeltischler.	18–24	21	—	940 (Bautischler)	Schlosser . . .	18–30	30	30–45	1164
					Klempner . .	22,5–27	—	35–45 42,5	1113
Tischler . . .	(18) 21	24 (27)	45–50	883	Kupferschmied	25,5–27	37	45–50	1339
Möbelpolierer	27	27–30	50	724	Metallschleifer	18	21	30	1052
Textilindustrie:					Metalldrücker	22,5–24	30	40–50	928
Weber . . .	—	14–18	27,5	750	Kernmacher .	18–25	—	30–42	1132
Raschel- und					Maschinisten .	24	—	25–55,5	1288
Rundst.-Arb.	—	12	—	319	Steine u. Erden:				
Posamentier.	18	18	30	810	Steinmetz . .	33,15	50	65–75	1625
					Glasschleifer .	22,5	24	45	1000

Tabelle durchschnittlicher Jahresarbeits=

Durch= schnitts= Verdienst Mk.	Gemeine Handarbeit.	Ungelernte Arbeiter in den Gewerben	Gärtnerei. Verkehr	Bekleidung und Reinigung	Baugewerbe	Druckerei und künstl. Be= triebe
über 1500					Putzer. Zuträger. Brunnenbauer. Rohrleger. Steinschläger. Töpfer.	Schriftsetzer. Steinbildhauer. Stein=, Kupfer=, Lichtdrucker.
1300 bis 1500		Haus= und Geschäfts= diener. Straßen= reiniger.		Schneider (1. Geschäfte)	Maurer. Zimmerer. Steinsetzer. Ofen= setzer. Platten= setzer. Fliesenleger.	Stereotypeure. Eiseleure, Graveure.
1200 bis 1300			Chaisen= kutscher. Droschken= kutscher (— 1400)	Wäsche= zuschneider.		Holz= u. Gyps= bildhauer. Modelleure. Rotations= masch.=Arbeiter. Porzellanmaler.
1000 bis 1200		Ungelernte Arbeiter (Brauerei= hilfsarbeit.) Fabrik= arbeiter.	Arbeitskutscher (aller Art) Blumengesch.= Gehilfen. Landschafts= gärtnergehilf.	Kürschner. Zurichter. Schuhmacher. Schoßarb. (i. beff. Gesch.) Friseure. Schneider (Hosen, West.).	Bilderglaser. Maler. Dachdeck. Rabitzpanner. Rohrlegergehilf.	Anleger. Stein= und Glasschleifer.
800 bis 1000	Packer. Fensterputzer	Steine und Erden. Metall= und Maschinen. Papier. Leder. Holz. Nahrungs= u. Genußm. Bekleidung.	Topfpflanzen= gehilfen. Freiland= gehilfen. Omnibus= schaffner. Stalleute.	Zuschneider (Schuh) Mützenmacher. Pelzarbeiter. Handschuh= macher.	Bauglaser. Anstreicher. Rammer. Bauarbeiter.	Formenstecher.
unter 800				Vorrichter. Stepper.		

Wie die Tabelle (Seite 68 u. 69) zeigt, bleibt die große Masse unter einem durchschnittlichen Einkommen von 1300 Mk. pro Jahr und rückt auch in der Höchstlage nicht über diese Grenze hinaus. Die ungelernte Arbeiterschaft verdient überhaupt weniger als 1200 Mk. und hat in der überwiegenden Mehrzahl ein Einkommen unter 1000 Mk. Gruppen von gelernten Arbeitern, wie Weber, Korbmacher usw., stehen sich in der Höchstlage noch auf weniger als 1000 Mk. Es müssen also Frauen und sonstige An= gehörige tüchtig mitarbeiten, wenn nicht unerträgliche Zustände eintreten sollen.

verdienste (nach der Enquete September 1903).

Nahrungs- und Genußmittel-industrie	Holzindustrie und Drechslerei	Papier. Leder. Gummi	Steine und Erden	Metall- und Maschinen-industrie
Erste Gesellen. Brauer. Tabakschneider.			Steinbildhauer.	Juweliere. Kupfertreiber. Schirrmeister. Maschinisten.
	Möbeltischler und Drechsler. Klavierarbeiter. Klaviaturarbeit. Böttcher (Brauerei).	Lohgerber. Goldschnittmacher. Kleber. Lederzurichter.	Steinmetze. Flaschenmacher. Glasbläser. Buchstabenschleifer.	Mechaniker. Kupferschmiede. Eisendreher. Metalldrücker, -schleifer. Zinngießer. Klempner (Werkstatt). Schirrmeister. Kernmacher.
Schlächter. Wurstmacher. Müller. Bierkutscher.	Möbel- und Bautischler. Polierer.	Sattler auf Zelte. Täschner.	Fassettenschleifer.	Klempner (Bau). Former. Maschinenschlosser. Nadler- und Siebmacher. Schmiede. Lackierer. Uhrmachergehilf. Gold- und Silberarbeiter.
Bäckergesellen. Konditoren. Mälzer. Pfefferküchler.	Böttcher (Werkst.) Drechsler. Lackierer. Rahmenvergold.	Buchbinder. Karton.-Arbeiter. Sattl. Tapezierer Galanterie-, Portefeuillearb. Zuschneider. Vorrichter (Leder).	Schleifer.	Gürtler. Feilbänker. Klempner (Fabr.). Gußputzer. Bauschlosser. Fräser. Silberarbeiter. Galvaniseure. Bandagisten. Messerschmiede. Zahntechniker. Stellmach. Musikinstr.-Arb.
	Lackierer (bei kleinen Meistern). Grundierer. Bürstenmacher. Korbmöbelmach.-geselle.			Goldarbeiter. Stockgesellen. Rademacher. Hilfsarbeiter.

Das Nebeneinanderstellen von Wochenlohn und Jahresarbeitsverdienst (Tabelle 2 S. 68) zeigt den großen Ausfall durch Arbeitslosigkeit im günstigen Jahre 1897 und wirft auf die Gesamtheit der Lohnverhältnisse in den vergangenen Jahren, namentlich auf die Zeit der schlechten Konjunktur am Anfang der 90er Jahre einen dunklen Schatten.

Ein Steigen des Wochenlohnes ist im Vergleich zu 1891 im allgemeinen nicht eingetreten, im Durchschnitt kehren meist die alten Zahlen wieder, hier etwas gestiegen, dort gefallen. Im Baugewerbe

z. B. ist bei der stärksten Schicht — den Maurern und Zimmerern — der Stundenlohn 55—60 Pf. unverändert geblieben.

In dem Zeitraume 1897—1903 sind für Berlin größere Lohn= erhebungen nicht gemacht worden, erst im September 1903 veranstaltete das Statistische Amt der Stadt wieder eine Enquete. In dieser Zeit war die Lebensmittelausgabe mit einigen Unterbrechungen gestiegen, so daß die Kurve 1903 um rund 30 Mk. höher steht als 1897. Seit etwa 1900 setzt wieder eine allgemeine wirtschaftliche Depression ein, die bis in das Jahr 1903 anhält.

Die Enquete von 1903 benutzt 227 Fragebogen, darunter von
    54 Innungen, 27 anderen Unternehmerverbänden,
    35 Gewerkvereinen,
    60 Gewerkschaften, 6 anderen Arbeiterverbänden,
     8 Innungskrankenkassen, 37 Ortskrankenkassen.

Sie ist nicht ganz so umfangreich, wie die Enquete von 1897, beruht aber, wie die Aufzählung zeigt, auf so mannigfaltigen Grund= lagen, daß man von ihr ein im allgemeinen richtiges Bild der Lohn= verhältnisse erwarten kann.

Die Tabelle habe ich in gleicher Weise angeordnet wie für 1897, denn das Urteil über die Dürftigkeit der einzelnen Einkommenssätze kann bei der noch nicht sehr beträchtlichen Steigerung der Lebensmittelausgabe unverändert bleiben.

Als Lohnhöhe der Tagelöhner, wie sie 1902 für die Versicherungs= gesetze festgelegt war, gibt der Text der Enquete 2,90 Mk. pro Tag an. Bei voller Beschäftigung kommt dieser Satz einem Jahresarbeitsverdienst von 904,8 Mk. gleich. Nach der Tabelle verdient auch eine große Menge ungelernter Arbeiter jährlich nur zwischen 800—1000 Mk., darunter viele in bestimmten Gewerben beschäftigte ungelernte Arbeiter. Doch sind solche auch in der Verdienstschicht 1000—1200 Mk. stark vertreten. Selbst darüber hinaus hat noch ein Teil der Arbeiterschaft in den städtischen Betrieben und in einigen wenigen Gewerben sein Einkommen. Über 1500 Mk. Jahresverdienst findet sich — nach den verschiedenen Quellen übereinstimmend — bei Zuträgern im Baugewerbe und in Ver= trauensposten. — Im ganzen hat sich der Verdienst dieser Leute gegen 1897 nicht wesentlich verschoben.

Bei der gelernten Arbeiterschaft läßt es sich nicht ersehen, ob eine breitere Schicht in die Einnahmestufe 1300—1500 Mk. — dem aus= kömmlichen Einkommen — eingerückt ist. Es befinden sich in ihr und auf den höheren Stufen im allgemeinen dieselben Berufszweige und =Grade und überhaupt die Elite der Arbeiterschaft, wie schon 1897. Eine Verbesserung des Einkommens scheint aber doch insofern stattgefunden zu haben, als die Masse der Einkommen von 800—1200 Mk. des Jahres 1897 sich 1903 in die Grenzen von 1000—1300 Mk. geschoben hat.

Der Zeitraum 1890—1903 beginnt bei fortgesetztem Steigen der Lebensmittelpreise mit einer wirtschaftlichen Depression. Das Lohneinkommen bleibt für die Zeit 1890—1897 im wesentlichen das gleiche. Für die im Stücklohn Arbeitenden, zu denen die Mehrzahl der gelernten Arbeiter gehört, würde es bei ständiger Beschäftigung ausreichend gewesen sein, im Zeitlohn aber bleibt die Masse selbst der gelernten Arbeiter unter 25 Mk. Wochenlohn. Die ungelernte Arbeiterschaft erreicht ein Jahresverdienst von 1300 Mk. überhaupt nicht. Das Fallen der Lebensmittelausgaben bis 1896 wird vielfach eine Verbesserung der Lebenshaltung zugelassen haben, die die tüchtigen Arbeiter wohl bis 1903 behaupten konnten, da ein leichtes Ansteigen des Lohneinkommens stattfand. Für die Mehrzahl bedeutet aber die 1900 wieder einsetzende Depression einen Rückschritt.

Anderseits gesundeten 1889—1891 die Arbeiterverhältnisse durch die Einführung der Invalidenversicherung vom 22. Juni 1889 und durch die Arbeiterschutzgesetzgebung vom 1. Juni 1891. Letztere gab den Arbeitern rechtlich den freien Sonntag und schützte Kinder und Frauen vor übermäßiger Ausnutzung ihrer Arbeitskraft. Den Arbeitern selbst mögen diese Bestimmungen zunächst wohl nur als Mehrbelastung erschienen sein. Von großer Bedeutung für sie war ferner die Aufhebung der Koalitionsverbote und des Sozialistengesetzes (1. Oktober 1890). Nun war wieder die Möglichkeit eines kräftigeren Zusammenschlusses gegeben. Schnell organisierten sich die Gewerkschaften, so daß 1892 ein größerer Gewerkschaftskongreß stattfinden konnte. Jedoch war diese Bewegung zunächst noch eine idealistisch-politische, die sich mit den praktischen Fragen der Verbesserung der Arbeitslage in wirtschaftlicher Beziehung weniger beschäftigte. Aber es wuchs das Selbstbewußtsein der Arbeiterschaft, sie wurde eine Macht.

Sicher ist ein Fortschritt, daß 1903 in einer ganzen Reihe von Berufszweigen Tariflöhne angeführt werden, nicht nur bei den Buchdruckern, die sie schon lange hatten, sondern auch vielfach im Baugewerbe, bei den Klempnern, Posamentieren und anderen. Endlich hatte seit 1899 ein Umschwung in der Betätigungsweise der sozialdemokratischen Partei stattgefunden. Der Gewerkschaftskongreß in Frankfurt a. M. rückte etwas von der Partei ab und verlangte eine praktischere Wirksamkeit für das Arbeiterwohl z. B. auf dem Gebiete des Tarifvertrages, der Arbeitslosenversicherung usw. Das geschah auch. In der Festigung der wirtschaftlichen Lage der Arbeiterschaft liegt der wichtigste Fortschritt dieses Zeitraumes.

Der Zeitabschnitt 1904—1910.

Mit dem Jahre 1904 beginnt die letzte Periode. Sie brachte ein ständiges Steigen der Lebensmittelausgaben bis 1909. Die allgemeine wirtschaftliche Lage war zunächst eine günstige, die Konjunktur gut, aber 1907 setzte eine starke Depression ein, die erst 1909/10 allmählich gewichen ist.

In dieser Zeit ist eine Lohnenquete vom Statistischen Amt der Stadt Berlin nicht mehr veranstaltet worden.

Trotzdem Gewerkschaften und andere Arbeitervereinigungen mehr und mehr sich mit der Lohnstatistik beschäftigt haben und für das Reich auch eine Reihe umfangreicher Lohnerhebungen für einige Gewerbe vorliegen, so ist doch das Material speziell für Berlin seit 1905 nicht umfassend. Ich versuche daher, mir zunächst auf Grund der Ergebnisse der Volkszählung 1905 für Berlin einen Einblick in die wirtschaftliche Lage der Berliner Arbeiterschaft zu verschaffen, um dann noch auf einige Lohnermittlungen der letzten Zeit einzugehen.

Aus der Statistik der Volkszählungsergebnisse 1905 für Berlin, in der Bearbeitung durch das Statistische Amt der Stadt, benutze ich besonders eine neuartige Zusammenstellung nach dem Mietwert der Wohnungen und der Zugehörigkeit berufsloser Angehöriger.

Nach ihr waren von der Schicht der Gehilfen, Gesellen, Lehrlinge, Arbeiter (c-Schicht) = 449 557 selbsttätige Männer, 214 628 verheiratet.

Von den Verheirateten hatten Wohnungen unter 300 Mk. Mietwert 112 940 = 52,7%, führten keinen selbständigen Haushalt:

Gewerbegehilfen	447 = 0,28 %	
Zimmerabmieter	1172 = 0,54 %	6,34 %
Sonstige Hausgenossen . .	276 = 0,13 %	der
In Anstalten	1584 = 0,74 %	Verhei-
Schlafleute	6999 = 3,25 %	rateten
Mitverdienende	3012 = 1,40 %	

Danach waren 6—7 % der verheirateten Arbeiter überhaupt keine Haushaltungsvorstände, 3,25 % hausten als Schlafleute. Der letzte starke Prozentsatz findet, wie mir auf dem Statistischen Amt mitgeteilt

Tabelle der Wohnungen 1905
(nach den Statistischen Jahrbüchern der Stadt Berlin).

Umfang der Wohnung	Zahl	% der ges.Wohnungen	Zahl der Wohnungen mit			
			Einzel-lebenden	2—5 Personen	6—10 Personen	über 10 Personen
Nur Gewerberaum	287	0,05	212	67	8	—
Nur Küche	4 452	0,85	2 870	1 510	61	1
Nur 1 nicht heizb. Zimmer	1 774	0,34	571	1 109	93	1
Nur 1 heizbares Zimmer .	34 254	6,58	21 680	12 350	222	2
Zusammen Wohnungen mit 1 Raum.......	40 767	7,82	25 333	15 036	384	4
2 u. mehr unheizb. Zimmer	345	0,07	32	239	74	—
1 heizbar. Zimmer mit Küche	189 018	36,21	11 198	159 188	18 568	64
1 heizb. u. 1 unheiz. Zimmer ohne Küche	1 163	0,22	356	739	68	—
2 heizb. Zimmer ohne Küche	2 333	0,45	670	1 434	226	3
Zusammen Wohnungen mit 2 Räumen	192 859	36,95	—	—	—	—
1 heizbares und 1 unheizb. Zimmer und Küche...	23 246	4,45	911	17 794	4 505	36
2 heizbare Zimmer mit Küche	145 178	27,78	4 264	109 539	30 027	348
Zusammen Wohnungen mit 3 Räumen	168 424	32,23	—	—	—	—

wurde, zum Teil darin seine Erklärung, daß viele verheiratete Männer der c-Schicht in Berlin nur die Woche über wohnen und Sonntags zu ihrer Familie nach auswärts heimkehren. Immerhin gehörten zu den Schlafleuten 468 berufslose Angehörige, hier handelt es sich also um in Berlin ständig wohnende Schlafleute. Nimmt man die „mitverdienenden" verheirateten Männer mit 2103 berufslosen Angehörigen hinzu, so wird man sagen müssen, daß mindestens 3500 Familien keinen selbständigen Haushalt führen konnten.

Aber die große Masse, rund 94% der verheirateten Arbeiter waren selbständige Haushaltungsvorstände. Von diesen zahlten 41% der Gesamtheit mehr als 300 Mk. Miete, 52,7% weniger als 300 Mk. Wie die Wohnungstabelle zeigt, hatten die ersteren mindestens zur Hälfte Wohnungen zu drei Räumen, der Rest zu zwei Räumen, die letzteren in der großen Masse Wohnungen mit einem heizbaren Zimmer und Küche, ein geringerer Teil noch schlechtere. Über die Dichtigkeit des Wohnens läßt sich nichts Genaueres sagen, höchst wahrscheinlich ist aber, daß in den 15 036 einräumigen Wohnungen, in denen nach der Wohnungstabelle zwei bis fünf Personen leben, zum großen Teil Arbeiterfamilien der Schicht unter 300 Mk. Mietwert wohnen.

Von den berufslosen Angehörigen fallen

56,3 % auf die Mieter unter 300 Mk., pro Kopf 2,29
43,1 %   „   „   über 300   „   „   „   2,24

Es findet also nur eine geringe stärkere Belastung der schlechter wohnenden Schicht statt.

Zusammenfassend möchte ich die Wohnverhältnisse der verheirateten männlichen Arbeiterschaft Berlins und damit in gewissem Sinne die Höhe ihrer Lebenshaltung, wie folgt, kennzeichnen: ein Fünftel wohnt gut, etwa wie die bessergestellte untere Beamtenschaft (Küche, Stube, Kammer und mehr), ein Fünftel wohnt ausreichend (Küche, Stube, Korridor), zwei bis drei Fünftel wohnen schlecht (zwei Räume, zum Teil stark belegt). Ein Rest (10 000—15 000 Familien) ist äußerst dürftig untergebracht (ein Raum, oder als Schlafleute usw.).

So wenig zufriedenstellend wohnte die Berliner Arbeiterschaft zu Beginn einer Periode, die an den Säckel des Familienvaters jährlich steigende Ansprüche für die Ernährung machte. Als auskömmliches Einkommen hatte ich für diese Zeit 1400—1500 Mk. bezeichnet. Bei voller Beschäftigung (zehn Stunden am Tage, 50 Wochen im Jahr) müßte der Stundenlohn, um diese Einnahme zu bringen, etwa 45—50 Pf. betragen. Ein Maurer, der täglich neun Stunden arbeitet, und im Jahre 40 Wochen beschäftigt ist, erreicht erst mit einem Stundenlohn von 70 Pf. einen Jahresverdienst von 1512 Mk.

Für die Lohnverhältnisse 1905—1910 ist als sehr erfreulich festzustellen, daß die Tendenz, Tarifverträge abzuschließen, die für möglichst viele Angehörige eines Gewerbes an einem Orte Lohn- und Arbeitsbedingungen auf längere Zeit regeln, im Wachsen begriffen ist.

Solche Tarifverträge, deren Wirkungen eine große Zahl Arbeiter umfassen, sind in Berlin und Umgebung für das Baugewerbe zustande gekommen. Das Reichsarbeitsblatt (2. Jahrgang 1904. Lohntarife und Tariflöhne im Deutschen Reiche) gibt für die Höhe eines tarifmäßigen Zeitlohnes als Durchschnittssatz für Maurer und Zimmerer 70 Pf. pro Stunde an. — Der Tarifsatz des Zentralverbandes der Maurer betrug bis 1907 für

Maurer (19 309) . . . . . . 75 Pf. pro Stunde (1900 = 65 Pf.)
Putzer (250) 95   „   „   „
Hilfsarbeiter in Beton (1513) . . 55   „   „   „
Sonstige Hilfsarbeiter (1487) . . 50   „   „   „

Auf derselben Höhe stehen die Löhne von Maurern auch heute. Der Maurer kann also bei regelmäßiger Arbeit ein Einkommen von 1500 Mk. haben, wenn er nur 40 Wochen beschäftigt ist. Allerdings schwanken die Jahreseinnahmen im Baugewerbe erheblich. So wurde mir in der Gewerkschaft der Stukkateure eine nach Fragebogen aufgestellte Berechnung von Jahresarbeitsverdiensten vorgelegt. Danach hatten ein Einkommen gehabt:

	1906	1908	1909	1910 Wochenlohn
Former u. Modellarbeiter	1560,60 Mk.	1332,72 Mk.	— Mk.	37,50 Mk.
Gießer	1421,95 „	1186,08 „	1289,98 „	34,50 „
Baustukkateure	2103,75 „	1715,04 „	1717,32 „	45,00 „

Es handelt sich hier um wenige Arbeiter (etwa 750), und die Bewegung dieser Einkommen kann nur als ein Beispiel ohne typische Bedeutung für das ganze Gewerbe genommen werden. Immerhin drängt sich bei Betrachtung so starker Unterschiede im Jahreseinkommen der Gedanke auf, daß viel Intelligenz und Charakter erforderlich ist, um unter solchen Umständen die Jahre hindurch einen stabilen Haushalt führen zu können.

In den Erhebungen von Wirtschaftsrechnungen des Reichsarbeitsblattes sind zwei Schöneberger Maurer angeführt, der eine verdiente 1907 1491 Mk., der andere 1619 Mk. in seinem Gewerbe. Es ist dasselbe Bild, wie oben, das Einkommen bewegt sich um 1500 Mk. jährlich.

Im Baugewerbe bilden Maurer und Zimmerer die stärkste und auch bestbezahlte Schicht. Von den anderen gelernten Arbeitern erhielten nach Tarifvertrag: Maler im Mindestlohn 55 Pf., Dachdecker im Durchschnittsstundenlohn 1905 70 Pf., Glaser 60 Pf.

Im allgemeinen kann man vom Baugewerbe, das nach der Gewerbezählung 1907 mit 59 827 männlichen Gesellen usw. und 141 187 Berufszugehörigen das personenreichste Gewerbe Berlins (etwa ein Siebentel der ges. Arbeiterschaft) ist, sagen, daß seine gelernten Arbeiter im Durchschnitt in guten Jahren und bei regelmäßiger Arbeit ein auskömmliches Einkommen erreicht haben werden, die Hilfsarbeiterschaft dagegen kaum. Dieses Resultat ist also nicht sehr günstig und um so unerfreulicher, als gerade der Prozentsatz der Verheirateten im Baugewerbe ein größerer ist, als in den anderen Gewerben.

Die Löhne sind stark gestiegen. Nach Angaben des Zentralverbandes der Maurer (Statistische Erhebungen über die Lohn- und Arbeitsverhältnisse der Maurer Deutschlands im Jahre 1900 und vergleichbare

Zahlen über Lohnhöhe und Arbeitszeit in den Jahren 1885, 1890 und 1895. Zentralverband der Maurer Deutschlands, bearbeitet von Bömelburg und Paeplow) betrug der Stundenlohn für Maurer in Berlin:

1885	1890	1895	1900	1906 (s. oben)
47,5 Pf.	55 Pf.	50 Pf.	65 Pf.	75 Pf.

Er ist also um rund 58% gestiegen. Allerdings wurden früher zehn, jetzt meist neun Stunden täglich gearbeitet.

Die zweitstärkste männliche Arbeiterschaft besitzt nach der Gewerbezählung 1907 die Metallverarbeitung mit 54 495 männlichen Arbeitern und 114 330 Berufszugehörigen, etwa die Hälfte der Arbeiter ist verheiratet. An Lohnangaben in diesem Gewerbe fand ich:

Für die Klempner gibt das Reichsarbeitsblatt (1904) als tarifmäßigen Mindestlohn pro Stunde für vollwertige Gesellen 60 Pf. an. Für sie, die etwa ein Zehntel der Metallarbeiter ausmachen, gilt also ungefähr dasselbe wie für die gelernte Arbeiterschaft im Baugewerbe.

Erhebungen des deutschen Metallarbeiterverbandes ergaben für Berlin und Umgebung (Protokoll der ersten Konferenz der im deutschen Metallarbeiterverband organisierten Heizungsmonteure und Helfer. Abgehalten am 17. und 18. Juni 1909) für das Jahr 1908 an Durchschnittslöhnen für

483 Heizungsmonteure	75,2 Pf. pro Stunde
16 Hilfsmonteure	56,3 " " "
500 Helfer	49,9 " " "

Ein Tarif der Heizungsmonteure, der 225 Betriebe und 2447 Arbeiter umfaßt, bestimmt als Mindestlohn für ältere Arbeiter 65 Pf. — Im wesentlichen bedeuten diese Zahlen Einkommensverhältnisse wie die oben geschilderten.

Die Tabelle auf Seite 79 zeigt, daß von der Hilfsarbeiterschaft nur ein Fünftel das für die Familie auskömmliche Einkommen erreicht, die gelernten Arbeiter aber mit über 75%, die in der Hauptsache im Akkord arbeiten, über diese Grenze hinausgehen, volle Arbeitstätigkeit vorausgesetzt.

In den Rahmen des Gegebenen passen sich im ganzen auch die Lohnangaben der Erhebungen von Haushaltungsrechnungen aus den Jahren 1907 und 1908 hinein, allerdings glaube ich, annehmen zu müssen, daß die Verdienste der bessergestellten Schicht der Arbeiter entnommen sind.

Lohnverhältnisse von Formern und Gießereiarbeitern 1909.

	Gesamtzahl	pro Stunde verdienten								Bemerkungen
		unter 45 Pf.	45 bis 50	51 bis 55	56 bis 60	über 60	61 bis 65	65 bis 70	über 70	
Former: Zeitlohn	444	44	85	28	74	—	51	67	55	Vorwiegende Arbeitszeit 9 Stunden, höchstens 10.
„ Akkordlohn	1 119	34	72	50	137	—	263	117	356	
Hilfsarbeiter [1]:										
„ Zeitlohn	874	470	259	69	55	40	—	—	—	[1] Kernmacher, Schmelzer, Gußputzer.
„ Akkordlohn	410	75	126	20	61	128	—	—	—	

Die Angaben sind entnommen: Lohn- und Arbeitsverhältnisse der Former und Gießereiarbeiter Deutschlands. Festgestellt auf Grund statistischer Erhebungen in den Monaten Oktober und November 1909 vom Vorstand des deutschen Metallarbeiterverbandes.

Ein Schluß auf die Lohnlage in der Metallindustrie Berlins läßt sich aus diesen wenigen Angaben nicht machen, zumal bei überwiegender Akkordarbeit, wenigstens der höheren Spezialisten, eine unübersehbare Lohnskala vorhanden ist. Ein Steigen der Löhne ist aber unverkennbar, z. B. steht der hier angegebene Stundenlohn der Klempner um rund 30 % höher als der 1897 aufgeführte.

Über den Wochenverdienst in der Holzindustrie wurde mir im Berliner Arbeitersekretariat nachstehende Übersicht aus den letzten Jahren vorgelegt:

	Voller Wochenverdienst	Wochenverdienst im Jahresdurchschnitt	Zahl nach der Gewerb.-Zählung 1907 männliche Arbeiter	Berufszugehörige
in allen Branchen	24,08—41,18 Mk.	22,09—34,39 Mk.	35 545	82 586
Tischler	33,71 „	27,65 „	—	—
„	30,49—37,85 „	25,01—31,04 „	27 393	62 915
Durchschn. i. ganzen	32,93 „	27,34 „	—	—

30 Mk. Wochenlohn und 50 Wochen Arbeitszeit ergeben 1500 Mk. Einnahme, demnach geht schon der durchschnittliche volle Wochenverdienst hierüber erheblich hinaus, bleibt allerdings im Jahresdurchschnitt darunter. Eine Kontrolle der letzteren Zahl war mir nicht möglich, es sind bei ihr 14 % Verlust durch Arbeitslosigkeit angesetzt, und das scheint mir auf die Gesamtheit übertragen zu hoch.

Das Reichsarbeitsblatt gibt als tarifmäßigen Stundenzeitlohn (1904) für Bau-, Möbeltischler und Parkettschreiner 70 Pf. an, dabei ist zu

Tabelle von Löhnen 1910.

Aus verschiedenen Gewerben			Papierindustrie		
Stellung	Zahl	Durchschn. Wochenlohn Mk.	Stellung	Zahl	Durchschn. Wochenlohn Mk.
Handschuhmacher .	28	24—24,6	Kartonnagearbeiter	54	16—35
"	30	25—33	"	37	22—32
"	36	29,1—29,75	"	7	28—33
Zurichter	52	32—35	"	20	25
Gerber	29	24—33	"	11	27
"	28	29,07	"	38	28—29,5
Feiler	49	25,7—26,5	"	35	30
Äscher	34	29,00	"	21	33
Glasbläser	—	30,6—34,02	"	2	35
" im Akkord	—	34,8—60	Buchbinder . . .	36	24—26,26
Glasschleifer . . .	—	31,8—40	" . . .	97	28—29,70
Zuschneider (Wäsche)	15	27	" . . .	33	30,00
"	3	31,2	" . . .	42	30,78—32
"	21	33,0	" . . .	49	32,4—35
" im Akkord	9	48,0	" . . .	38	über 35—39
"	5	monatlich 170,00	" . . .	1	40,00
			" . . .	17	30—40
			" . . .	33	28—34
			" . . .	16	28—36
			" . . .	22	29,16—30,24
					Stundenlohn Pf.
			" . . .	59	52
			" . . .	41	54
			" . . .	66	55
			" . . .	20	58
			" . . .	6	59
			" . . .	40	60
			" . . .	8	52—60
			" . . .	41	65
			" . . .	12	58—75
			" . . .	28	80
			Presser	9	65—70
					Wochenlohn Mk.
			"	10	31—32,4
			"	24	36
			Präger	40	18—24
			"	2	33,9
			Mustermacher . .	12	30,00
			Goldschnittmacher .	4	27,5
			Lichtdrucker	2	34,00

} 9 Stunden Arbeitszeit.

berücksichtigen, daß in dieser Industrie die Stückarbeit überwiegt. — Unter den Haushaltungsrechnungen 1907 sind drei Tischler-Jahresverdienste angegeben von 1886 — 1732 — 2259 Mk. und schließlich gibt auch

Tabelle von Löhnen 1910.

Brauereigewerbe				Ungelernte Arbeiter usw.		
Stellung	Zahl	Durchschn. Wochenlohn Mk.		Stellung	Zahl	Durchschn. Wochenlohn Mk.
Kutscher, Abzieher Flaschenspüler, Hof- u. Stallarbeiter . . .	840	27,00		Hausdiener . .	361 130	22,00—23,6 25,00
Wächter, Portiers Diener	181	25—30		Packer, Lagerarb.	821 5 522	23,5—24,0 25,0—25,8
Flaschenkellerarb.	1 207	25,00		Transport-Bodenarbeiter	2 780	26,55
Fahrpersonal . .	3 322	28,00		Handelshilfsarbeiter . . .	520	24,42
Hilfsarbeiter . .	230	28—29		Kohlenkutscher, Kohlenlagerarb.	1 650	26,40
" . .	311	24—28		Geschäftskutscher,		
Maschinisten . .		31—33		Packer, Arbeiter	4 300	27,0—27,3
Heizer	338	29—31		Rollkutscher . .	1 050	26,50
Abschmierer . .		26—27		Kutscher	130	29,00
Brauer	1 278	35,00	Tarif. Mindestl.			
Handwerker . . .	535	28—34	Tarif.	Fahrer u. Schaffner d. Straßenbahnen	7 813	monatlich Mk. 100,00
Zusammen . . .	8 242	—				
Faßbierfahrer . .	—	—	Jährlich 2600(mind.) —5000 M.	Verkehrsarb. der Hoch- u. Untergrundbahn . .	456	114,00
Flaschenfahrer .	—	—	Monatl. 150—250 Mk.	Zusammen . .	25 533	—
Flaschenbiermitfahrer	—	32,00				
Reservefahrer . .	—	28,00				
Chauffeure . . .	—	28—40				

der oben angeführte Wochenverdienst im Jahresdurchschnitt von 27,65 Mk. 1438,80 Mk. im Jahr. — Kurz, ich möchte aus allem doch schließen, daß die Mehrzahl der Arbeiter in der Holzindustrie sehr wohl in der Lage war, ein auskömmliches Einkommen zu verdienen. Das ist um so wichtiger als in diesem Gewerbe weit über die Hälfte der Arbeiter verheiratet ist. Auch in der Holzindustrie sind die Löhne stark gestiegen; es steht der oben angegebene tarifmäßige Stundenzeitlohn der Tischler um 40% höher, als die 1897 angeführten Stundenlöhne für Tischler.

Für das Jahr 1910 wurden mir im Gewerkschaftshaus vom Berliner Arbeitersekretariat eine große Zahl ausgefüllter Fragebogen über Lohnverhältnisse im ersten Vierteljahr 1910 zur Verfügung gestellt. Nach den Bestimmungen der Fragebogen waren diese von den Vertrauensleuten der Werkstatt, des Betriebes, des Baues oder der Abteilung für die daselbst Beschäftigten auszufüllen.

Die Tabellen Seite 80 und 81 geben eine Zusammenfassung aus den Fragebogen. Es verdienen nach ihnen die ungelernten Arbeiter, wie Packer, Lager- und Transportarbeiter wöchentlich durchschnittlich 22—27 Mk., Kutscher usw. ungefähr ebenso und bis 29 Mk. hinauf. Diese ganze Schicht erwirbt danach im Jahre etwa 1100—1400 Mk. Noch niedriger schätzte in einer Besprechung ein Berliner Arbeitersekretär mir gegenüber den Verdienst ein. Nach seiner Erfahrung verdient heute der ungelernte erwachsene Arbeiter, einschließlich derjenigen, die sich in einzelnen Gewerben durch gleichmäßige Tätigkeit zu Spezialisten heranbilden, wöchentlich rund 24 Mk. Er ist durchschnittlich 40 Wochen im Jahr beschäftigt.

Demnach hat er einen Jahresarbeitsverdienst von . . 960 Mk.
dazu kommt eine Arbeitslosenunterstützung von rund . 100 „
die Frau verdient (Heimarb. oder Aufwärterin) rund . 220 „

Zusammen 1280 Mk.

Übertrieben ungünstig erscheint mir diese Schätzung nicht, nur scheint mir die Dauer der Arbeitslosigkeit zu lang.

So wie die Löhne hier angegeben sind, stehen sie um etwa 20% höher als 1897, in welchem die Mehrzahl ungelernter Arbeiter auf 18—20 Mk. wöchentlich stand, trotzdem muß man doch sagen, daß eine befriedigende Lebenshaltung mit dem Arbeitsverdienste des Mannes allein von der Masse dieser Schicht nicht geführt werden kann.

Von den in der Tabelle enthaltenen Gewerben stehen die Brauer mit tarifmäßig festgesetztem Mindestlohn von 35 Mk. pro Woche obenan, vielleicht nur noch von den Faßbierfahrern, die mindestens 2600 Mk. im Jahr verdienen sollen, übertroffen. Diese Leute haben aber immer ihr gutes Auskommen gehabt. Die Hilfsarbeiterschaft im Brauereigewerbe kann mit durchschnittlich 24—29 Mk. Wochenlohn zur oberen Schicht der ungelernten Arbeiter gerechnet werden.

In der Papierindustrie verdient die große Masse der hier gezählten Buchbinder 50—60 Pf. pro Stunde, 28—30 Mk. in der Woche und gehört damit zur Mittelschicht der gelernten Arbeiter. Ihr Lohn hat sich gegen 1897 sehr wesentlich gebessert, sie erhielten damals nach der Enquete einen Stundenlohn von 35—40 Pf., stehen also 1910 um rund 30% höher. Ähnlich sind die Kartonnagearbeiter gestellt, für die Verbesserung ihrer Lage im Vergleich zu 1897 läßt sich ein Anhalt nicht

Die Verteuerung der Lebensmittel in Berlin im Laufe der letzten 30 Jahre. 83

Tabelle der Ausgaben pro Kopf und Jahr.

(Zusammengestellt nach „Lohnermittelungen und Haushaltungsrechnungen der minderbemittelten Bevölkerung im Jahre 1903").

	Familie von 4 Personen mit Einkommen von Mk.				Nach meiner Aufstellung, 4 Pers. Eink. v. 1300 Mk.	Familie von 6 Pers. Einkommen von Mk.			Familie von 8 Personen mit Einkommen von Mk.			
	1000 bis 1100	1200 bis 1300	1500 bis 1600	1900 bis 2000		1200 bis 1300	1500 bis 1600	1900 bis 2000	1300 bis 1400	1600 bis 1700	2000 bis 2100	2300 bis 2400
	Mk.	Mk.	Mk.	Mk.	Mk.	Mk.	Mk.	Mk.	Mk.	Mk.	Mk.	Mk.
Alle Nahrungsmittel	138,9	162,6	197,3	237,4	175,2	114,6	139,2	162,9	90,8	119,5	147,6	158,0
Fleisch	21,5	28,9	37,5	44,8	39,8	18,2	24,0	27,8	10,4	20,5	19,0	26,6
Speck u. Wurst	12,8	16,9	25,0	25,4		7,2	14,3	12,9	8,0	2,6	14,8	—
Fische	1,5	3,3	4,1	5,9		2,0	3,7	3,6	1,7	0,9	3,7	0,7
Eier	6,7	6,4	8,3	9,9	7,00	2,9	5,0	6,6	4,2	1,3	8,2	10,3
Butter u. Fette	19,2	20,8	24,4	36,0	28,00	14,6	18,1	24,6	11,4	5,2	23,6	26,3
Brot	32,4	25,7	29,8	35,7	35,00	25,2	28,1	30,2	21 3	26,6	22,3	33,5
Mehl usw.	3,7	4,7	4,4	6,0	2,5	1,8	4,6	4,7	4,5	2,3	7,9	2,7
Kartoffeln	7,0	6,8	7,7	7,2	6,00	6,4	6,6	5,8	6,3	16,2	3,8	3,9
Gemüse	2,1	3,9	4,9	6,6	—²	2,1	3,3	4,6	1,8	2,3	3,3	3,6
Obst	1,4	2,0	3,6	4,1	—²	1,3	1,5	2,6	1,4	2,2	3,0	1,5
Zucker usw.	5,3	5,5	5,4	7,7	8,0	4,4	5,0	4,2	3,2	1,6	6,3	6,1
Gewürze	1,5	2,0	2,0	2,2	—²	1,0	1,7	1,4	0,9	1,0	1,2	0,5
Kaffee usw.	5,9	6,5	9,8	10,5	6,0	5,0	5,1	7,1	3,7	1,0	6,6	1,3
Milch	13,8	17,1	16,4	21,2	18,00	10,8	12,9	15,4	9,7	3,3	10,8	12,0
Wohnung	57,1	58,8	66,5	74,1	57,00	41,7	43,4	50,9	29,8	33,0	30,0	34,5
Bekleidung	20,6	18,6¹	32,0¹	44,3	25,00	12,1	18,0	26,9	18,4	22,9	12,5	25,0
Heiz- und Beleuchtung	10,7	12,9	15,3	18,3	10,0	9,8	11,4	12,6	9,3	6,5	19,9	13,8

Anmerkungen: ¹ Mangelhafte Angabe. ² Für die nicht aufgeführten Lebensmittel werden zusammen 25 Mk. angesetzt.

finden, wahrscheinlich ist sie aber, die Enquete 1897 gab für sie einen durchschnittlichen Wochenlohn von 22,5 Mk. an, während von den in der Tabelle 1910 erfaßten Kartonnagearbeitern wenigstens ein Drittel 30 und mehr Mark in der Woche verdient.

Die sonstigen Angaben aus verschiedenen Gewerben sind zu zersplittert, um Schlußfolgerungen zu gestatten, doch ist auch hier eine Besserung der Lohnverhältnisse gegen 1897 eingetreten, z. B. bei den Handschuhmachern, bei den Glasschleifern.

Ergebnis.

Die Grundlagen, auf denen sich das Urteil über das Lohneinkommen der Berliner Arbeiterschaft oben aufbaut, sind nicht lückenlos, denn die ermittelten Löhne umfassen nur einen geringen Teil der Arbeiter, den=

noch halte ich es für statthaft aus der erörterten Lohnsteigerung auf eine solche der ganzen Arbeiterschaft zu schließen. Der Wochenverdienst der ungelernten Arbeiter ist im Durchschnitt von 18—20 Mk. 1897 auf 22—27 Mk. 1910 gestiegen, zum mindesten in demselben Verhältnis sind die Löhne der gelernten Arbeiter höhere geworden. Die Verteuerung des Lebens durch die Nahrungsmittel beträgt nach meiner Zusammenstellung 90—99 Mk., wenn man das teuerste Jahr 1909 mit den Jahrzehntdurchschnitten 1880—1889 und 1890—1899 vergleicht. Sie ist durch eine Erhöhung des Wochenlohnes um 2 Mk., des Stundenlohnes um 4 bis 5 Pf. ausgeglichen. Diese Steigerung ist überall eingetreten, oft, um nicht zu sagen meistens, weit überschritten worden, wie aus den oben angeführten Lohnermittelungen zu ersehen war. Zieht man allerdings in Betracht, daß auch die Mieten gestiegen sind, daß der Staat, die Partei usw. größere Geldforderungen an den Arbeiter stellen als früher, so zeigt sich, daß das für ein mäßiges Auskommen einer vierköpfigen Familie erforderliche Einkommen von 1500 Mk. von dem größten Teil der ungelernten Arbeiter heute durch den Lohn allein noch nicht gedeckt wird, daß auch der gelernte Arbeiter durchschnittlich nur bei günstigen Arbeitsverhältnissen einen solchen Jahresverdienst hat. Immerhin wird jene Summe jetzt von einer größeren Zahl von Arbeiterlohneinkommen erreicht und überschritten, als im zweiten Jahrzehnt die von 1300 Mk., im ersten von 1200 Mk. Insofern kann man auch von einer Hebung der Lebenshaltung sprechen. Dabei darf jedoch nicht vergessen werden, daß die Zahlen 1500, 1300 und 1200 zu ihrer Zeit immer nur ein mäßiges Auskommen für eine vierköpfige Familie bedeuten. Jedes weitere Familienmitglied erhöht die Summen beträchtlich; aus der umstehenden Tabelle (S. 83) läßt sich ableiten, daß auf etwa gleicher Höhe der Lebenshaltung stehen:

    die Familien mit 4—6 Mitgliedern und 1200—1300 Mk. Einkommen
      „   „   „   6   „   „ 1900—2000 „   „
      „   „   „   8   „   „ 2300—2400 „   „

Das sind Ergebnisse, die den zu weitgehenden Optimismus, mit der die Lage der Arbeiterschaft häufig betrachtet wird, zu erschüttern geeignet sind. Man kann behaupten, daß der tüchtige verheiratete Arbeiter, der heute unter 1500 Mk. jährlich verdient, mit vollem Rechte die Forderung der Lohnerhöhung stellt.

Anderseits ist aber doch viel geschehen, um das Einkommen des Arbeiters gleichmäßiger und sicherer zu gestalten, zwei Umstände, die mindestens denselben Wert haben, wie die Erhöhung der Löhne. Ein solches Ziel verfolgen, abgesehen von der ganzen Arbeiterversicherung, vor allem die Tarifverträge und die Arbeitslosenversicherung. Die fortschreitende Entwicklung der ersteren ist im Laufe der Arbeit mehrfach angedeutet worden und wachsende Summen infolge der letzteren gehören heute zum eisernen Bestande des Kassenwesens jeder Arbeitervereinigung.

Vergegenwärtigt man sich alles, was in den letzten 30 Jahren zur Sicherung des Lebensunterhaltes der Arbeiter geschehen ist, und denkt man durch, was alles zur Vervollkommnung dieses Zieles noch in Vorbereitung oder in aussichtsvollen Anfängen liegt, so kann man doch wieder nicht pessimistisch in die Zukunft der Arbeiterschaft sehen.

Wenn auch noch für die letzten Jahre das Einkommen einer sehr erheblichen Arbeitermenge als nicht ausreichend bezeichnet werden mußte, so ist im ganzen doch eine fortschreitend bessere Ernährung, namentlich mit Fleisch[1], möglich gewesen. Immerhin erschwert die Verteuerung der Lebensmittel die wünschenswerte Hebung der Lebensweise der Arbeiter sehr und erregt tiefgehende Erbitterung. Wir sahen, daß die Preisbildung, namentlich bei den wichtigen Lebensmitteln Fleisch und Brot, eine sehr komplizierte ist und sich wohl vereinfachen ließe. Größere Klarheit der Preisbildung und damit eine Verbilligung würde vielleicht erreicht werden, wenn nachstehende Richtlinien eingehalten würden:

Beim Fleischhandel: Die kleinen und mittleren Produzenten schließen sich zu Genossenschaften zusammen; jedoch nur soweit, daß der größte Teil des Schlachtviehes in bestimmten Kontingenten genossenschaftlich gebunden ist, ein Rest den Landwirten zu freier kaufmännischer Verwertung überlassen bleibt. Daneben beteiligen sich große Mastbetriebe und Großgrundbesitzer ohne genossenschaftliche Bindung am Schlachtviehmarkte.

An dem Bestehen des städtischen Schlachthofes soll nicht gerüttelt werden. Seine Gebühren dürften aber nicht über eine mäßige Verzinsung und Amortisation der Anlageschuld hinausgehen.

Den Schlächtereibetrieben ist bei Entwicklung von Mißständen, z. B. bei Ringbildungen, die auf den Weitervertrieb des Fleisches preisverteuernd wirken, eine Schlächterei in städtischer Verwaltung entgegenzusetzen.

Die kleinen Fleischer schließen sich zu Genossenschaften zusammen, daneben bleiben selbständige Großfleischereien bestehen. Einer Mono-

---

[1] Vergl. hierzu auch Dettweiler, „Die Aufzucht des Rindes", Berlin 1908, Seite 3.

polisierung des Fleischhandels durch Ringbildung müßte durch Einrichtung städtischer Fleischverkaufsstellen die Spitze abgebrochen werden.

So würden zu beiden Seiten der Kommissionsgeschäfte mächtige und kapitalkräftige Institutionen stehen, die sich der Vermittlung und des Kredits der Kommissionäre bedienen, ohne von ihnen abhängig zu werden, sie schließlich sogar zu ihren Funktionären hinabdrücken. Der Aufkauf im Lande bedarf keines Zwischengliedes mehr.

Beim Brothandel: Die Produktion des Roggenbrotes erfolgt durch private oder genossenschaftlich organisierte Großbetriebe. Eine Monopolisierung des Brotes wird nötigenfalls durch Einrichtung eines kommunalen Großbetriebes verhindert.

Der Absatz des Roggenbrotes erfolgt durch kleine Bäckermeister. Das Weizenbrot und die feinere Ware wird in Kleinbetrieben hergestellt und verkauft. Diese sind für den Bezug von Roh- und Hilfsstoffen zu Einkaufsgenossenschaften zusammengeschlossen.

Die Eröffnung einer Bäckerei wird von einer Konzession abhängig gemacht, die den Nachweis einer den neuzeitlichen Forderungen entsprechenden Betriebsstätte voraussetzt. Nicht allen Anforderungen genügende, schon bestehende Bäckereien sind zu schließen.

Der § 73 der Gewerbeordnung ist dahin abzuändern, daß von einem bestimmten Termine an Backware nur nach Gewicht verkauft werden darf.

Solche Reformen würden nicht ohne einige Zwangsmaßregeln durchzusetzen sein, aber eine gewisse Beschränkung der Gewerbefreiheit für die mit den wichtigsten Nahrungsmitteln Handelnden scheint mir nicht unstatthaft, zumal wenn sich eine solche Reform in der Richtung der natürlichen Entwicklung vollzieht, deren unausbleibliche Opfer sie geringer macht.

Literatur.

v. Schmoller, Grundriß der allgemeinen Volkswirtschaftslehre. 1. Teil, Leipzig, 1908. 2. Teil, Leipzig 1904.

Erhebung von Wirtschaftsrechnungen minderbemittelter Familien im Deutschen Reiche. 2. Sonderheft zum Reichsarbeitsblatt. Berlin 1909.

320 Haushaltungsrechnungen von Metallarbeitern. Bearbeitet und herausgegeben vom Vorstand des Deutschen Metallarbeiterverbandes. Stuttgart 1909.

Conrad, Die Entwicklung des Preisniveaus in den letzten Dezennien und der deutsche Getreidebedarf in den letzten Jahren. Jahrb. für Nat. und Stat. 3. Folge, Band 17.

Conrad, Jährliche Nachweisungen über Veränderungen des Preisniveaus. Ebenda seit Band 4 der 3. Folge.

H. Gerlich, Die deutsche Fleischproduktion, ihr gegenwärtiger Stand und ihre voraussichtliche Entwicklung. Schöneberg 1909. Sonderabdruck aus: Zeitschrift für Agrarpolitik. Organ des deutschen Landwirtschaftsrates.

H. Gerlich, Maßnahmen der deutschen Städteverwaltungen für die Fleischversorgung der Bevölkerung. Deutscher Landwirtschaftsrat: Vorlagen der 38. Plenarversammlung vom 13.—18. Februar 1910.

Martiny, Die Butterversorgung Berlins durch die Eisenbahn im ersten Halbjahr 1899. Arbeiten der D. L. G. Heft 58. Berlin 1901.

Guradze, Die Brotpreise in Berlin in den Jahren 1899—1908. Jahrbücher für Nat. u. Stat. 1909. 3. Folge, Band 37.

Guradze, Brotpreise 1909. Ebenda Band 39.

Schmidt, Fritz, Die Kaffeevalorisation. Ebenda 1909. 3. Folge, Band 38.

Statistische Jahrbücher der Stadt Berlin. 10. bis 31. Jahrgang (1882—1906/07), Abschnitt 6.

Ermittelungen über die Lohnverhältnisse in Berlin, eingezogen durch die städtische Gewerbedeputation. Bearbeitet und herausgegeben vom Stat. Amt der Stadt Berlin. 1882, 1883, 1884, 1885, 1887, 1888, 1889, 1891, 1897.

Lohnermittelungen und Haushaltrechnungen der minderbemittelten Bevölkerung im Jahre 1903. Berliner Statistik, herausgegeben vom Statistischen Amt der Stadt Berlin. — Die im Texte angegebene Literatur.

Printed by Libri Plureos GmbH
in Hamburg, Germany